TRISTAN TZARA

Le
Cœur
à gaz

Eureka Coal Company

Le Cœur à gaz a été publié en français dans le périodique *Der Sturm*, v. 13, no. 3, le 22 mars, 1922.

Le Cœur à barbe a été la question première et la seule d'un journal « transparent », publié par Tristan Tzara en avril 1922 en réponse aux attaques d'André Breton sur lui dans la 2ème édition de Mars *Comoedia*. Il contient des textes par Eluard, Ribemont-Dessaignes, Satie, Fraenkel, Huidobro, Péret, Soupault, Duchamp, etecetera. L'affaire a pris fin dans la soirée "Le cœur à barbe" au Théâtre Michel sur le 6 juillet, 1923.

« Dada Dialogue entre un cocher et une alouette » de Tristan Tzara a paru dans *Cabaret Voltaire*, Zurich, 15 mai 1916.

« Pour en finir avec le jugement de dieu » d'Antonin Artaud, a enregistré pour la radio avec la participation de Maria Casarès, Paule Thévenin et Roger Blin. Programmé pour le 1er février 1948, la diffusion en est interdite par le directeur de la Radiodiffusion française.

Introduction par Christopher Bair ©2010.
Tous droits réservés.

Imprimé aux Etats-Unis d'Amérique

Eureka Coal Company, Toledo, Ohio

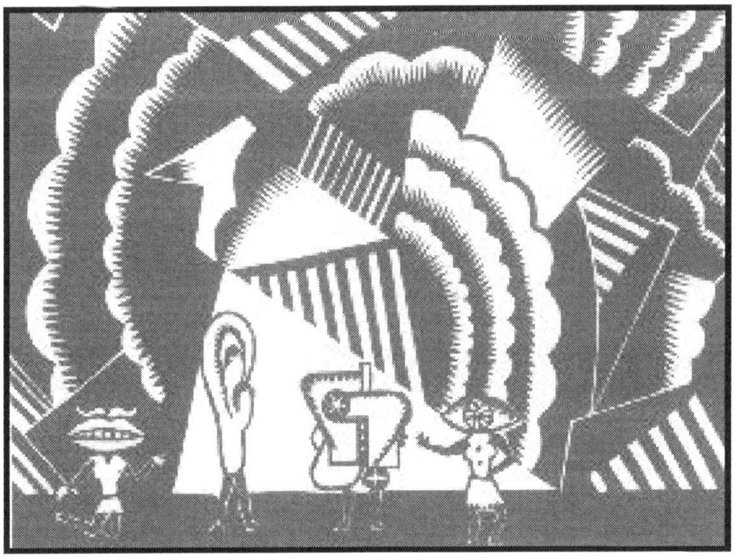

Table des matières

Introduction   7

Le Cœur à gaz   34

Histoire   83

APPENDICE A   88
DIALOGUE ENTRE UN COCHER
ET UNE ALOUETTE, 1916

APPENDICE B   91
POUR EN FINIR AVEC LE JUGEMENT DE DIEU
ANTONIN ARTAUD, 1947

Introduction

I

RESTÉ A VIENNE OU SORTI DE LA NOUVELLE-ORLÉANS ?

C'était un moment essentiel pour moi en termes de ma croissance personnelle. Nouvelle-Orléans a été détruite, mon appartement a été détruit, mais ici, le temps est le même que le jour où j'ai obtenu un emploi au café du Monde. Je suis effrayé, encore plein d'espoir, comme j'étais en Nouvelle-Orléans.

Nouvelle-Orléans est une boîte à chaussures absurde ancien plein de merde. Les noms des amis que je ne me souviens pas sont écrits sur les contrôles qu'ils jamais encaissés. Il y a les livres qu'ils jamais publiés, ainsi que les numéros de téléphone qui sont encore hors de service en raison de l'ouragan. Photographes des certaines filles. Une bouteille de Scotch. Une racine de chicorée avec la moutarde sur elle. Il était ennuyeux car il n'y avait pas aucun temps pour profiter de vie. Mais où est mon âme ?

Cet hôtel est très agréable. C'est rien comme le guide touristique affirme qu'il est, avec des photos des femmes pendant la journée et les personnes simplement assis.

PREMIERES NOTES

Il fera froid jusqu'à mercredi, mais ensuite il va pleuvoir jeudi. Je ne pouvais pas trouver mes livres la nuit dernière, donc j'ai passé la soirée, boire de la bière dans mon appartement. La télé ne fonctionne pas. J'ai écrit une lettre à domicile. Il était mauvais. Je ne pouvais pas dormir après environ trois heures au matin. J'ai toujours envie d'un touriste, donc je n'entrerai pas plus de l'hôtel, où j'ai rencontré des amis à la réception. J'ai besoin décompresser, étant donné que je ne trouve pas mon réveil.

J'ai amené des cigares avec moi. J'assieds sur le balcon de ma chambre, quelques histoires au-dessus de la cour. Peut-être je voudrais fumer un Rocky Patel ou un Partagas avant que je mourir. Je viens de trouver quelques bouteilles de bière que quelqu'un à gauche sous le lit avant que j'ai arrivé ici. Pas très mal. Je bois de la bière et fume un cigare.

J'allais en Autriche à visiter M. Gradou, qui habitait en Hongrie. J'avais fait plusieurs fois ce avant j'étais visée le docteur Schwartz aux États-Unis. Mais que faire ici ? Obtenir ivre ? L'aéroport a été vraiment agréable. Il y avait beaux salles de bains. Je suis soulagé d'avoir traversé l'Autriche avec succès, parce que je parle allemand véritablement terriblement. Si j'accomplis quelque chose ici, je serai très surpris. Mais je ne veux pas rester dans ma chambre toute la journée. C'est maintenant au printemps ici. Vienne sera mienne à la fin de la semaine.

L'ENFER, C'EST LES AUTRES

Vienne est belle. Sortir les États était un soulagement. Je suis vraiment profiter de moi-même. J'ai enlevé une fille, puis j'ai pris son du zoo. Je lui ai dit quelques histoires, mais je ne pense pas qu'elle m'a très bien compris. J'ai expliqué certains de mes animaux préférés. Elle aimait les manchots, sans aucun doute. J'ai découvert qu'elle a douze ans et elle est sortie de son école. J'ai demandé à elle, « *Bist du in Kindergarten?* » *und so weiter*. Elle m'a trouvé très amusante. Le zoo est un endroit merveilleux pour les enfants. J'ai ressenti comme un enfant moi-même.

Je n'ai pas écrit aujourd'hui, car je veux clarifier ma tête. J'ai obtenu une nouvelle chambre à l'hôtel. J'avais presque à trouver un autre lieu de séjour. Il y a une auberge ici, mais le Sacher Hôtel semblait un choix naturel. Je n'ai jamais vu Vienne. Je ne l'ai considéré jamais moi-même. Je dois aller un peu plus souvent. Je voudrais rester ici pendant un certain temps. Je me demande si j'ai besoin d'une autorisation spéciale.

UN APRÈS-MIDI

J'ai volé un pingouin pour la petite fille. Plus tard aujourd'hui, j'ai trouvé une librairie. Une personne reconnue moi, quelqu'un que j'ai jamais rencontré avant. Nous avons fait des amis très rapidement. Nous avons discuté à propos du Journal américain. Puis j'ai fait pour son appartement. Il y avait certaines filles avec les cheveux longs. Nous avons regardé la télé. Il y avait quelques nouvelles. Apres ca, Nous sommes allés à un restaurant.

NOUVELLES AMIS

Mes nouveaux amis cuisent certaine fondue par réchauffage de fromage suisse. Ils ont fait un immense gâchis. J'aime ces enfants. Ils sont chics et ils sont fiers de celui-ci. Je suis deux fois leur âge, mais ils me traitent comme je fais partie de la bande. J'aime le parfum de cette une fille. Je reste jusqu'à tard dans leur appartement et j'étudie la fille avec le parfum agréable. Je note où elle va après nous socialiser.

Malheureusement, mes amis Raoul et Vicky toujours me conduisent pour boissons avant la fille douce est seul avec moi.

Ils m'ont fait ressembler à une fille. C'est étrange, mais je l'aime. Je suis à Vienne. Blanchisserie est un problème, car mes vêtements sont tous jetables. Je leur porte pour un concepteur. Je ne les ai jamais portés les plus de deux fois. Le concepteur est une personne agréable. Parfois je crois que j'attends comme un modèle (je suppose que je suis un, mais je ne suis pas obtenir payé pour cela). Androgynie est plus acceptable à Vienne.

VIENNE

Vienne est belle. Shea a trouvé mes amis. Sa convalescence est exceptionnelle. Lorsque Shea se sent mieux, nous allons sortir pour la crème glacée, ou tout ce qu'il veut. Schwartz m'a donné quelques notes sur ma routine d'exercice.

SHEA, MON AMI

Shea et moi, nous racontions nos souvenirs, sur ceci et cela. Nous regardions la télévision. Je lui ai demandé comment il se sentait. Il a dit, généralement mauvais. Puis il a demandé comment je me sentais. J'ai dit que généralement je ne me sens pas mauvaise, mais maintenant, je me déteste. Il y a une fille à chaud sur ses genoux qui était plus convivial que la fille sur la mine. Les filles, elles n'ont pas parlé anglais. Mais elles ont du connaître ce que nous avons dit. Shea aime pour ce faire, il a appris cela en France. Il pourrait être plus d'arrogance.

Shea est généralement détendue. Il était tellement calme. Toutefois il disait des choses bizarres sur sa société. Par exemple il a déclaré que "elle veut changer de place avec mon invité", et puis il a dit, «ses parents fait drogues avant elle est née.»

J'AIME MON CHAT, MAIS…

Puis-je trouver un thérapeute familier ? Ou bien, un vétérinaire a-t-il des traitements ?
J'ai apporté mon chat d'appartement de Sigmund Freud aujourd'hui parce que le temps est toujours mauvais. Mon chat n'est pas une mauvaise créature, mais nous allons ensemble pour randonnées et aujourd'hui j'ai lui pris au Musée car je me sentais irrévérencieux. Je prends souvent mon chat dans les épiceries et personne ne dit rien. Parfois le chat raye de mon visage tandis que je dors. J'ai parfois mauvais rêves. Il souhaite me sauver la peine de consternation nocturne. Mais alors je lui nourrir assez bien. Il pourrait être son façon de montrer l'affection.

Il y a un chroniqueur du journal local qui écrit sur les animaux de compagnie, mais la lecture allemande me donne des maux de tête. Shea ne m'aide jamais à lire. Je commence à haine Shea, probablement parce que nous avons jamais vécu ensemble avant. Même le chat préfère sa compagnie à mine. Mais le chat est une bonne chose pour Shea. Je n'avais pas dit que j'ai eu un problème avec eux.

UN ROMAN EST NÉ

J'ai été relaxante à la Burg lorsque j'ai décidé d'écrire mon prochain roman. Qu'est-ce qu'il sera ?

Je dois garder le déplacement empêcher les drogués de pissements sur moi. Vienne est pleine de drogués.

Le projet de *Convocation* continue en mai. Elle sera terminée avant août. « La mort de la classe de loisirs, etc. » Intéressant.

Après six années, je peux enfin me dis que je suis heureux d'écrivain. Quel chagrin !

J'ai laissé le chat à l'hôtel avec Shea. J'espère qu'ils sont heureux aussi. Il ne semble pas aussi fâchée avec le chat qu'il est avec mon apportant lui à l'Autriche... il semblait très particulière à ce sujet. Il essaie même ignorer le chat. Puis il me plainte constamment à ce sujet. Dommage, Shea. Obtenez votre propre compagnie. Pourtant je pense que nous obtenons le long d'amende, en dépit de nos désaccords.

Mon contemplation de Shea, qui est une belle personne qui déteste mon chat. Il commence à perdre son esprit dessus.

Shea voulait aller vers l'Inde, aussi... pour faire quoi ? Se trouver ?

«VOTRE CHAT, MONSIEUR»

J'ai été désespérément recherchant le chat après qu'il était tombé hors de la fenêtre quand j'ai vu le maître d'hôtel dans le café de l'hôtel, l'un qui m'amène généralement cappuccino. Il m'a amené mon chat, qui semblait exceptionnellement calme.

«Monsieur, votre chat. Ne soyez plus troublé.» J'étais dans ma robe de chambre. Je n'avais pas encore ma clé de la porte.

Mais j'ai trouvé Shea, qui était dans la rue hors par un kiosque à journaux. Il avait une clé de la porte. Il m'a apporté cacao dont je dois prendre avant le dîner et regarder la télévision d'allemand.

J'avais rêvé que je pourrais prendre avec les lesbiennes qui attendent pour moi sur le coin pour les nuits de cinq ou six dernières. Hier soir j'ai regardé à eux de mon balcon.

Shea est due arrière aux sœurs de miséricorde environ une semaine. Nous jouera criblage. Il est de bonne humeur. Il sortira de Vienne pour une semaine et demie, dit-il. Nous avons résolu le problème de chat.

SHEA DANS LA DOUCHE

Sommeil une bonne nuit était ce que j'avais besoin. J'ai découvert que le chat était réellement sauté hors de la fenêtre hier. Honnêtement, j'ai cru qu'il avait chuté. J'étais tellement heureux après j'ai débranché de la télévision. Il est maintenant une armoire pour Funny, mon chat aventureux et audacieux. Je lui nourris poubelle du café. Ce matin, j'ai déambulé autour de l'hôtel avant tout le monde. Les camions de lait avaient commencé à rouler autour de Vienne.

Shea est bouleversé parce qu'il n'y a aucun shampooing. Il doit franchir la frontière désormais en Suisse et en France sur la façon à Paris, bien que sale. Les religieuses lui somment pour sa négligence. Shea m'a dit que « l'homme Marlboro » m'a donne le chat. Lui-même il n'avait rien à faire avec cela. C'est beau, mais maintenant, il va me laisser avec ce chat fou. Je ne peux pas expliquer pourquoi le chat ferait une scène dans le café par atterrir sur la tête de mon maître d'hôtel. C'était mon préféré maître d'hôtel qui m'amène

cappuccino chaque matin tandis que je lis les journaux de Vienne. Ce matin je mangerai quelques biscuits secs les restes d'hier soir, ou téléphonerai les avocats de Gradou à mon bureau, ou écrirai des poèmes à Jan. Le maître d'hôtel m'appelle monsieur même si je suis depuis États-Unis et je reste à Vienne, en Autriche.
Je suis heureux d'être en Europe. Je le craignais routine.

UN MOMENT ENTRE SHEA ET MOI

C'est quand votre anniversaire, Shea?» J'ai demandé. Et il était tellement bouleversé. Et puis il m'a demandé, « Est-ce que je ne vous ai jamais dit ? » Et son aspect dit, *j'ai pensé que je vous ai dit*. Mais j'étais curieux. Puis il m'a dit qu'il est né en mars, ajoutant que ses parents lui ont taquine toujours à ce sujet. Ils disent qu'il a été conçu au Shea Stadium, afin qu'ils lui nomment Shea. Il dit qu'il est honteux de ses parents. J'avais à lui dire, on a tous avoir des problèmes, et s'il était inquiet, il pourrait résoudre ses problèmes. Au lieu de cela, il était assez fermé à ce sujet. Je ne comprenais jamais pourquoi il a été nommé d'après le Shea Stadium, où les Mets jouaient. Pour un gars qui a tels préoccupations, je suis étonné qu'il soit généralement heureux.

UN ROMAN COURT

J'ai trouvé quelque chose écrite dans ma salle de bain. Je crois que je l'ai composée la nuit dernière.
«Cette année aucune alternative n'existait, enregistrer la tâche impossible de dire la vérité - la vérité à propos de ma vie. Je vivais

dans un hôtel avec un chat autrichien qui mange toute ma nourriture. Mes visites au Musée Freud ont été [???]. Une fille à la boutique de cadeaux, qui m'a capturé volant, m'a fait promettre que je tuerais son père. Cela était la période plus anxieux et dépravée absolument irréversibles de ma vie, sauf il ne serait qu'empirer.»

Shea a commandé un œuf à quatre heures du matin. Il a bu un six de ma bière. Il n'y avait pas de raison de boire mon bière, mais il achète moi un gâteau sec ce matin. Néanmoins, son comportement était étrange. Il n'a pas jamais resté jusqu'à que tardivement, pour être franc. En outre, il avait sa propre bière, mais il avait à boire mine. Shea a commencé en fait boire mon bière après qu'il a ordonné les œufs. Il avait déjà terminé quatre d'entre eux, lorsqu'il a obtenu une plaque de viande pour le petit déjeuner. Il pourrait avoir emprunté une saucisse de mon réfrigérateur. Peut-être Shea a des limites quand il mange de ma nourriture.

Shea dort bien maintenant. Je suppose qu'il retourna à son ancien même. Il dispose de beaucoup plus d'énergie. Shea s'ajuste. Il est beaucoup mieux maintenant.

FREUD AURAIT SES DOUTES

Mon amie est incroyable. Nous sommes allés au cinéma. Elle m'a conservés agrandissement dans le théâtre. Elle m'a prodigué avec pop-corn, puis maudire à moi en allemand.

Une nuit, nous marchions vers son appartement. Elle m'a demandé beaucoup des questions à propos de mon chat. Je lui ai demandé si notre conversation devait pour des raisons du régime de l'immigration. Elle semblait presque blanche comme un fantôme. Elle n'a pas demandé de me voir à nouveau, après que nous avions été voir mutuellement huit nuits dans une ligne. Mon hypothèse est qu'après quelques jours elle va comprendre combien mon chat est important pour moi. Finalement, la fille de boutique viendra à son sens et n'auront pas me déportés. Pourtant je pense qu'elle veut toujours me retourner vers les États-Unis. Je vais probablement jamais voler à nouveau !

AU MUSÉE

La Joconde, pourquoi continue-t-elle à nous divertir ? En quoi consiste l'attrait de peinture représentatif aujourd'hui ? C'est l'époque où la distinction entre l'art et la vie est floue pour le souci de l'ignorance. Cette peinture est-elle nécessairement distinctive, et si c'est le cas, ce qui rend l'ère moderne distinctive ? On voit quelque chose qui est intéressant de voir. Il vous commande à faire attention. Ils vous font payer pour voir qu'il était la seule chose qu'on voit. Je vois par le biais de cette farce. La Joconde est un faux. Revenons maintenant, le spectacle est sur.

Elle me fait de nourrir les pigeons tandis qu'elle fume des cigarettes turques. Le nerf ! Ses délires sont au-delà de mon imagination. Elle doit penser que nous sommes amis lorsqu'elle me défile comme un chien.

Shea et moi, nous avons besoin d'un plan. Cela doit cesser. Il ne peut pas être plus de cette servitude ; je suis fatigué des bouffonneries.

***

J'ai obtenu une copie existante de la vidéo de sécurité maintenant. Le caissier boutique sera simplement mesurer son mot contre mine. Il y a un mois elle me voler capturés. Quelle épreuve horrible. La menace de la déportation se bloque en permanence sur ma tête. Si je suis déporté, qui se chargera de Shea ?

Nous sommes arrivés dans le musée tard hier soir, Shea et moi-même. Il était son ancien même, âme espiègle, un véritable bâtard. Il a courageusement dessiné un visage heureux avec son doigt dans la poussière de la console de sécurité.

Nous sommes retournes à l'hôtel. Shea a jeté la litière maintenant. J'espère qu'il ne peut pas dire comment nerveux je suis.

Henri Pierre Roché, *Atelier de Marcel Duchamp,* **1916-1918**

UN HOMME MÉCONNU

Notre hôtel est plein de déchets. Nos invités ont été obtention créatifs avec les ordures (bouteilles vides, résine du haschisch, etcetera).
Le pire problème est arrivé les adolescents inopinés à la réception, demandant Shea.
Vienne est une métropole de classe mondiale et un joyau de l'Europe. Encore, pour une raison quelconque, tout le monde à Vienne reconnaît Shea, qui ne s'a pas lavé et qui n'a pas coupé ses cheveux ici. Shea n'est pas une célébrité, il seulement pense qu'il est.
Shea a été un enfant fou la première nuit que j'ai rencontré à lui. C'était la nuit qu'il a été électrocuté dans une arrière-cour jacuzzi il y a quatre ou cinq ans.
Shea a beaucoup évolué. Les religieuses lui ont donné un aspect bien. Shea est presque mûr comprendre que ses petites amies ne sont pas vraiment l'aiment. Ils aiment uniquement fête en hôtels avec des personnes qui leur donnent d'alcool.
Le personnel semble avoir laissé la porte à l'heure actuelle. Les ramasse-miettes vont à la prochaine porte.

LA POUPÉE EST ABSURDE

Shea McDougle est une personne réelle plutôt que certain artifice de mon imagination. Shea et moi, nous sommes séjournant à l'hôtel de Sacher à Vienne avec son chat Funny. Nous avons maintenu hors service de chambre pour un ensemble an et demi.
Shea m'a introduit à la grappa. Filles s'assoient sur ses genoux dans le café en plein air de l'hôtel et lui nourrir des fraises. Il obtient une

grande attention, et il le mérite. Il est un trafiquant de drogue pour moitié les adolescents ici, et parce qu'il est si populaire, j'obtiens partager ses amis qui choisissent mon poche, trop, et trouver des choses qu'ils n'aiment pas... Nous sommes ici, boire grappa et bénéficiant d'une solitude rare. Je prends une autre grappa car Shea va s'ennuyer et prendre une fille. Je suis peut-être fatigué.

C'est juste une partie constante, à l'exception d'il va aussi longtemps qu'on pense que c'est une partie différente... Ces enfants sont la moitié de mon âge et je souhaite que j'étais seul... Lorsqu'on est seul, puis le bruit est dans sa tête.... C'est probablement une partie différente, maintenant. Une fille est chaude, et elle sait que je la regarde.

Certaines filles jouaient avec une poupée pendant qu'ils étaient debout en ligne. C'est un moment à comprendre les artifices féminins. La poupée est absurde. Elle provoque des pensées mauvaises. Il obtient trop lumineux lorsque je fais cela. J'ai trop bu.

Nous passons autour un ballon de mine que j'ai apporté au café. Quelques-uns des filles discutent la bière. Ils reçoivent drogues du Shea, mais ils veulent savoir de quoi il se qu'elles boivent ici. Les touristes nous étudient.

Si Shea devient, je devrai diminuer, et il a ici le meilleur de moi, où je suis dans son ombre et il retournera uniquement à Paris pour ce dont il a besoin et pas ce qu'il veut, et je suis toujours là.

Christopher Bair
Le 11 mai 2010

Max Ernst, numéro VII de *Fiat modes pereat ars*, 1919

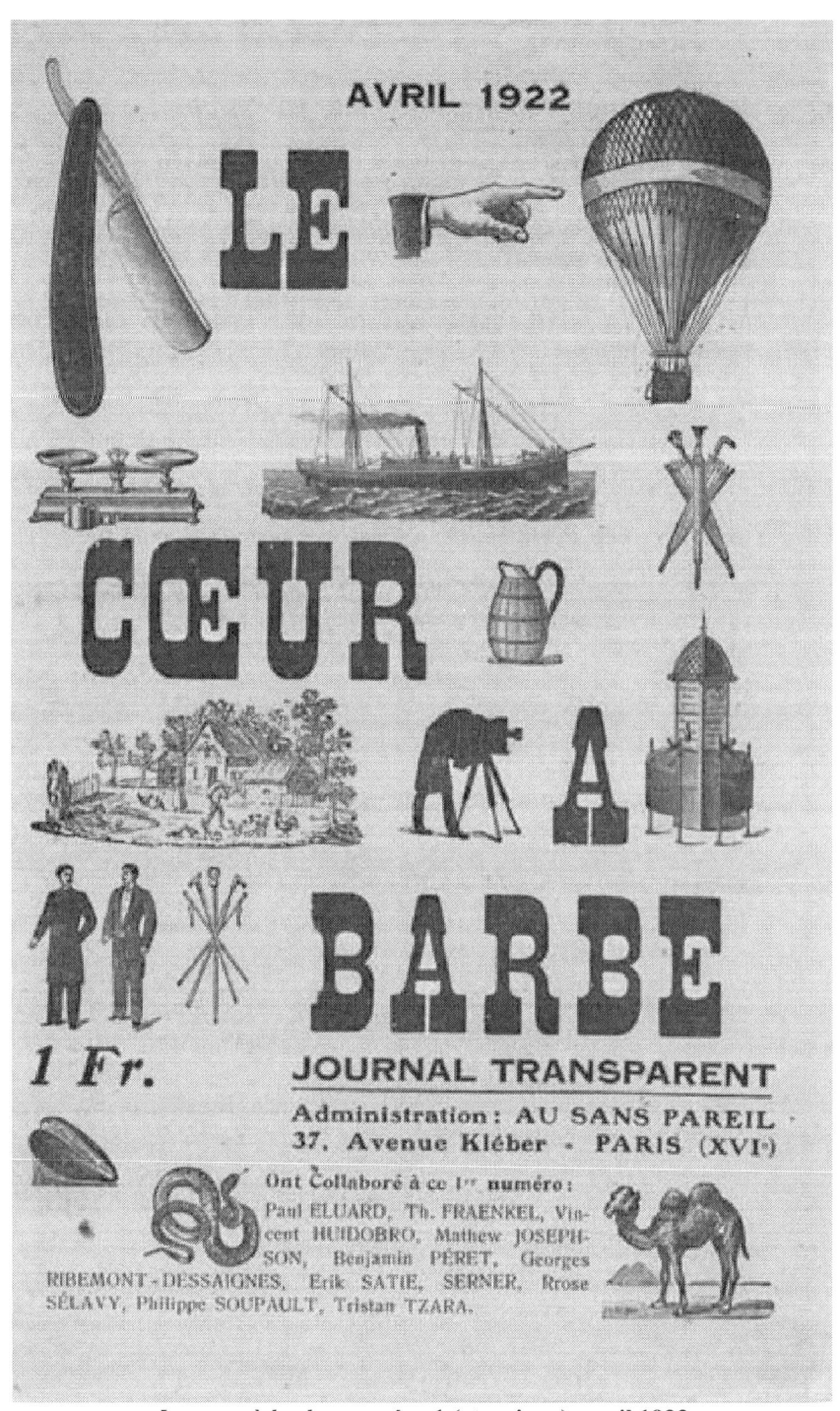

II

Le cœur à barbe, **numéro 1 (et unique), avril 1922**

POUR FAIRE POUSSER LE CŒUR

Ces huit pages, à l'aube du XXe siècle, vont ouvrir les yeux de nos innombrables lecteurs. Le « cœur à barbe » ne contiendra ni littérature, ni poésie. Nous savons que le divorce est in genre qui exprime parfois mieux l'état d'esprit d'une petite époque comme celle que nous traversons sans soucis. Nous ignorons la raison pour laquelle nous ne pouvons pas garantir la parution régulière de notre revue. Mais les armées d'occupation qu'on entretient à grands frais sur les reins de notre activité, les espions et les apoplectiques, les ficeleurs et les images, les empileurs et les emballés, les fiancés et les faux-frères, n'enlèveront jamais l'or de notre bouche.

Les visages des faillis attirent le crédit comme la merde attire le pied. Aucun de nos collaborateurs n'engage son prochain aux propos qu'il tient ici. Quelques affirmations de certains sont la preuve que notre autobus n'est qu'un journal sans pareboue.

Eluard, Ribemont-Dessaignes, Tzara.

Office de la Domesticité

Certificat :... Tous les animaux ne sont pas domestiques du même nom. *(Que dit le Lion.)*

Coup de tablier :... Le *Congrès de Paris* n'est pas une réunion de domestiques. *(Que dit « ledit ».)*

Larbinerie :... M. Ozenfant n'est pas responsable des actes ses domestiques. *(Congrès de Paris.)*

Gilet raye :... M. André Breton n'est pas le domestique de M. Ozenfant. *(Qu'il dit.)*

Tel maître tel valet :... Un bon domestique doit être plat – tout au moins aplati. *(Congrès de Paris.)*

Vieux serviteur :... M. Ozvieillard est un bon maître pour ses domestiques – ainsi que pour la Peinture. *(Que dit M. Jeanmeret.)*

On demande :... Jeune domestique pour **Crever** un autre **Tableau** du **Même peintre** que la dernière fois. *(L'Esprit Nouveau.)*

Le Directeur de l'Office
Erik SATIE

Le cœur d'Aragon est dans la poitrine de Breton.

Th. FRAENKEL

BIENTOT NOUS DIRONS TOUT

Francis a la nouille. On espère le sauver.

TROCCI

VOL-AU-VENT

Non, Monsieur, le cubisme n'est pas mort et la renaissance italienne non plus. Tant qu'il y aura des peintres comme Picasso, Braque, Gris, des sculpteurs comme Lipchitz et Laurens, on ne peut pas parler de la mort du cubisme sans faire l'idiot.

J'invite Tzara à jouer au billard sur les mers du Sud.

Cher Monsieur Galle :
Le besoin de coucher avec des femmes est un manque d'imagination. Je ne suis pas onaniste, bien le contraire. Donc vous vous trompez en disant que j'ai trop d'imagination.

A ceux qui suivent très solennellement l'enterrement du cubisme j'avertis qu'ils vont derrière un cercueil vide. Le cubisme caché dans un coin du siècle regarde passer son enterrement avec un petit sourire intermaxillaire.

Le mois prochain on va célébrer à Paris le centenaire de Max Jacob.

Défense de cracher sur le Pôle Nord.

Vincent HUIBOBRO

Après la pluie, le mauvais temps. Les petites fantaisies font les grandes carrières. Cela n'empêche pas que M.A. Breton, le congrès bien connu, a le mérite de ne pas s'embarrasser des sentiments qui paraissent le plus respectables aux idiots, comme vous ou moi (pardonnez ce rapprochement). Le magnétisme intellectuel n'oriente par également toutes les aiguilles bleues de nos cerveaux. Gutenberg a dit que l'amour était une conséquence du carte de l'hypoténuse, c'est-à-dire de l'ennui et la docilité aux exemples de l'habitude. Tout ce qu'il y a de plus abject, et nous rapproche véritablement des hommes supérieurs, comme Gutenberg, Breton, Palestrina, Pelletier et Caventon. Le tonnerre est une simple complication de la politique, mais une petite cuiller qui tombe ne produira jamais d'arc-en-ciel ; elle tombe juste au moment où j'allais prendre enfin une décision relative aux règlements de la poésie. Si vous attendez un tramway 45 minutes au bord de la Seine, la femme que vous aimez en descendra : le fleuve métallique tire à lui le peu de lumière qui reste, ainsi que divers personnages vivants ou morts ou entre les deux.

Avec les sentiments sentiments.   **Th. FRAENKEL**

M. Binet Valmer, quand on est trois fois blessé on a trois raisons pour se taire.

CE N'EST PAS UNE QUALITÉ D'ÊTRE FRANÇAIS.   **Benjamin PERET**

ARTICHAUTS NOUVEAUX

Les hommes sont arrivés à donner la vérole aux dieux à l'aide de procédés qui n'ont rien de wagnérien.
Il s'agit pour le moment d'accidents primaires : Le congrès de Paris ou le chancre du Printemps.

Vitrac est patraque. Qu'il prenne de l'imposture de mercure. C'est un sel souverain.

Aragon est un globe de verre sous lequel dort la fleur d'oranger de Breton.

Modern isthme de Panama, ou le moyen de faire communiquer deux Continents. Par Ozenfamdré Breton.

Depuis les derniers événements Pierre de Massot est devenu espagnol et signe : Pedro de Masso. Mais comme il craint aussi qu'André Breton lui reproche de venir de Barcelone, il assure ses derrières. Avis aux amateurs de fessée.

Enfin, on va s'assassiner.

André Breton dit Andréas le Caméléon. Comme le répète Johann Bojer, c'est furieusèment ça.

Picabia traite ses amis comme des objets de nécessité. Quand ils ont cessé de lui servir ils les mettent dans une poubelle.

Pensée lue dans un journal : Il n'y a qu'une seule chose PRESQUE absolue, c'est le libre arbitre.
Ce n'est pas dans l'Esprit Nouveau.

Je n'ai heureusement aucun talent.

Francis Picabia voulait André Breton à la mer. A cette heure les voici tous deux sur un joli radeau.
S.O.S.   ----
Dada cherche son père.
Dada le Père n'est pas du tout le père de Dada, malgré le petit Pierre. Il n'est pas nos

plus sa mère. Il n'a même jamais été Dada. Alors ? Que disait *Comœdia* ? Il fallait bien
insulter ses amis pour pouvoir dire : Je suis seul !
et de fait le voici seul.

--

Jupiter change tout de même plus d'amis que de femmes.

--

Au comite du Congres de Paris, chacun par crainte des autres, a dans sa poche un revolver. Ce sont de bons amis que les films américains, pernicieux exemples, ont transformés en bandits.

Georges RIBEMONT-DESSAIGNES

Jaques Rigaut le fils prodigue ou prodigue quand il a deux sous dans sa poche il achète une auto.

Philippe SOUPAULT

LES BONNES RELATIONS

Il est malheureusement toujours question de s'entendre et de ne plus se passer les uns des autres.

Le petit jeu des accusations fait de nouveau fureur. Les avocats mettent toute leur fortune sur la table. L'honnête homme général et l'infâme, rouges d'un cote et pales de l'autre, hurlent en même temps : Entre hommes, on ne se fait pas ca ! Cinq minutes après ils sont encore en vie, septième poignard est use.

Le cœur a la mode, cette année et la suivante, reste dans les limites de la terre à papa.

Paul Eluard aime Tzara, mais tout le monde sait qu'il ya en autre qui n'aime que Paul Eluard.

Mes revues préférées : PLISSOIR
                        PAGES DECHIREES
                        DERNIER OUI
                        A LA PORTE A MINUIT

DISPARAITRE C'EST REUSSIR.

Oubli gratuit, la vie sans phrases.

Paul ELUARD

CAHIERS D'UN MAMMIFÈRE

(Extraits)

Oui …. Les Allemands prennent tout à la France… C'en est honteux !....
Vous savez bien que Wagner était Français… Il était très Franco-allemand –
Le cher homme – comme tous les bons Français, du reste….
Souvenez-vous…. Je vous prie…. Ile etait si bon !.... et si de « chez nous » !....
Car il ne faut pas le confondre avec Strauss et Schoenberg…. Aucun rapport….Aucun,
Eux sont pas bons, bien entendu – ni Français, naturellement.

Chez les « deux Puristes »…. La prochaine fois, ce sera un tableau de Jeanneret qu'on lacérera….
Chacun son tour.... Hein !....
Pas toujours le même…. N'est-ce pas ?

Décentralisation :…. Félicitons M. Rouché d'avoir fait de l'Opéra un théâtre absolument de province – fond de province—et très réussi, comme imitation…. On se croirait, même, aux colonies (a Djibouti)….
Les étrangers en sont « momifies » et n'en « reviennent pas »….
Il y a de quoi !....
Sacre M. Rouché, va !

Roublards et inventifs…. Oui, c'est Ozenfant le plus malin des deux – sans l'être trop :…. Mais ne croyez pas que « l'Autre » soit bête – avec sa vue basse….

En tout cas…. Ils sont aussi « puristes » l'Un que l'Autre – plus, même.

Mise au point …. Pour ce qui est de Reims…. Il ne faut pas exagérer –
         La cathédrale était un vieil immeuble démodé et inconfortable.
La manière :…. C'est Ozenfant qui a eu l'idée du canif :…. Jeanneret, lui, parlait de se
Servir d'un sabre (long comme ca)….
            On voit qu'il est jeune ! – le Cher Ami….

Erreur – Voyons ! – Ravel n'est pas un « pion », -- bien sur…. Il en a l'air, simplement
        - mais vu de loin…. De très loin….
               C'est plutôt un « dandy » -- un tout petit dandy dodinant…. oui….
               D'un élégance !
               D'un « chic » !....
           Il faut être juste – pour une fois.

L'homme du jour – Non, mon cher Ozenfant :…. Vous n'êtes ni ridicule, ni grotesque….
            Le canif ? Peuh !....
            Ne craignez rien :…. « ca » se passera.

A l'Opéra …. L'heure espagnole a obtenu un réel succès…. Ce vieux Ravel triomphe (comme a
Verdun)…. La salle est toujours pleine d'Espagnols (comme à Verdun)….
        Quelques Portugais ont le « culot » de se mêler à la foule hispanique… mais ils sont vite
« repères »…. Leur traditionnelle gaité les trahit : -- elle contraste avec la belle tristesse espagnole
comtesse dans l'ouvrage du di subtil militaire-compositeur (une vraie « barbe » -- le si subtil militaire-
compositeur ! – si j'ose dire entre parenthèses).

Un grand malheur …. Mon abonnement à « L'Esprit Nouveau » vient d'expirer….Oui….
        J'en suis « tout chose ».

Erik SATIE

Il faut dire :
La crassée du tympan, et non le sacre du printemps.

Conseil d'hygiène intime :
Il faut mettre la moelle de l'épée dans le poil de l'aimée.

Rrose SELAVY

                J'ai connu personnellement
                Monsieur Sénac de Meilhan
                C'est un tout jeune homme
                Il m'a dit qu'il était étranger
                C'est dommage
                Parce qu'on me le peint charmant
                Et nous étions tout à fait d'accord
                Il m'a dit que Dada est un bonheur
                Parce qu'il bouscule son beau-frère
                André Gide
                qui eut le mauvais gout d'épouser
                sa nièce Rachilde
                qui fume des cigares
                eh bien !
                (titre : le déluge)
                --
                J'aime infiniment le camembert
                mais ça ne m'empêche pas du tout
                d'avoir un dégoût régulier
                des directeurs des revues
                oui se croient adultes
                yes
                --
                La vie est douce (pas ?)
                La blague délicieuse

Et de temps en temps
Je prends quelqu'un
Au sérieux
Parce que c'est plus
Avantageux pur la digestion
Qu'une pomme.
Il faut manger très lentement
Autrement vous vous imaginez
Trop facilement
Que le cubisme a été invente par un spahi

SERNER

C'est à mourir de rire quand la jeunesse reproche a la jeunesse une faute commise ou non.

André BRETON

Je voudrais bien être Marinetti ! L'imbécilité sans parfums, l'idiot sans souci, la belle sante de cette aiguille simplifiée, avec l'assurance de sa force mondaine et politique, sont des états que je n'attendrai jamais. Et la fortune ! La gaité de bagne d'un de mes anciens exégètes en serait peut-être clarifiée.

Les six jours au Vel d'hiv. – Mon amour vu d'en bas avec l'idéal de la perspective est un *max ernst* de merveille. Voila ce que Paul Eluard m'a dit en revenant de Cologne. Il avait la dent finie par l'emprunt de nos amours. Une nuit de gala sur les cheveux de force, le jeu des oreilles garanties, notre cœur avance sur la piste des vacances.

13, rue Delambre (14)

Tristan TZARA

I expire of the too brilliant lights,
I famish, I faint, I fail
But again I find myself in the cage of the leopards lions and lizards,
I beat against the bars.
You will come to me and murmur re-assurance through the grilled barrier.

Matthew JOSEPHSON

LACHEZ TOUT

Mauvaise haleine fleur de chevelure
Tu perds ton mouchoir embaume
Entre les jambes d'aventure
Qui pleurent de ne pouvoir aimer

Place Pigalle près de la nature
L'enfer au ciel s'est enrhume
La gloire a mite ta fourrure
Qui saigne abondamment
Au cœur de ton amant
Lâchez les chiens dans tes chaussures
Et les camées dans l'œil pâmé.

Le Responsable

Que faites-vous, Man Ray ?
Je me tue avec l'amour (Kiki).
Je me tue avec la mort (GRD).

NEW-YORK OPENING

South Pacific	55
Pacific Oil	34 1/2
U.S. Steel	97 3/4
Uttah Copper	65
Texas Pac. Coal & Oil	28 1/4

Beware of editors of American reviews, with fat purses, who are unloosing a stench of Zolaism sifted through yellow corn.
Beware of Ezra Pound (merdea) who was senile at twenty-nine. Put up bill-posters, against Anatole France and Remy de Gourmont on Fifth Avenue!
May God help Munson and Josephson. May God help !....

Matthew JOSEPHSON

Les effets factifs de la gueule à Rigaut.
Anice qui mal y pense.

TICKETS DE SECONDE

Les aventuriers de « Aventure » ne sont que des aventuristes. La caractéristique des aventuristes est qu'ils ont wu une aventure pas drôle du tout. Ils ont fait autant de poèmes qu'ils en ont rencontres dans leur vie.

Eluard est ma poule de luxe.

Nous demandons une loi laquelle des articles de Gilbert Maire et les autres imbécilités du même genre, valent quelques mois de prison et une forte amende à leur auteur. Quoique ce n'est pas par lois contre la syntaxe qu'on affirmera le génie d'une race. L'impuissance a toujours dirigé les gens vers les pires excès. Mais l'ennui qui s'en dégage les rend inoffensifs.

Le bien est a gauche, le mal a droite, monsieur Français est au milieu.

Helene téléphone mieux.

Comment la publicité d'une marque du papier à cigarettes, à Vienne, peut-elle donner le nom à un monsieur de Neuilly ?

Nous connaissons Totor. Il s'appelle Marcel Duchamp. Il y a des gens qui ont peur que Totor ne parle. Totor se tait. On le ménage et on renonce même à imprimer son nom sans sa permission. – Mais Totor a parle….

Mon cher Huelsenbeck, quelques imbéciles trainent ton nom dans la boue. Le « bourzoue » dont tu parles dans ce livre si gentil pour moi, leur a mordu les testicules. Il y a peu de choses qui m'emmêlent plus que l'absolu, le litre arbitre, le presque et

Cher Arp. Nous t'attendons depuis longtemps, mais nous sommes surs que tu viendras un jour comme un jour qui viendra ; il n'a pas besoin de la grammaire des mois et des trains. Les botanistes font comme toi des plantations de miroirs de poche. Pour refléter le nuage de la terre dans sa racine d'obscurité. Nous nous en nourrissons et dépensons facilement le galop des regards au vent qui nous dépasse.

Tristan TZARA

Marcello Fabri :
Un pet de musique dans les quatre cons du monde.

INFORMATIONS

Benjamin Veret qui connaît Nantes et Cologne, vient de s'établir à Paris en compagnie d'une charmante personne avec l'intention ferme d'écrire un roman. Ce roman qui nous révélera les mœurs des habitants de Séville ajoutera un maillon à la chaine fébrile de l'activité du jeune et sympathique auteur de « Passager du Transatlantique ». Ce dernier livre est illustre par Arp et se vend « au Sans Pareil » pour la somme de 50 francs. Ce qui n'est pas cher, car nous connaissons Benjamin Péret.

Tous les 7 ans on enlève à Francis le pain de la bouche. Tous les 7 ans, ce lui-ci veut nous faire croire que c'est de la merde.

Répétitions. Tel est le titre d'un livre charmant contenant les meilleurs poèmes de

Paul Eluard et les plus troublants dessins de Max Ernst, l'apostrophe du Mont Blanc. Il ne s'agit plus d'être simple mais de reprocher à Paul Eluard une perfection, qui pourrait être dangereuse pour la réputation et l'existence de nos plus dangereux poètes. Tiré a 350 exemplaires, ce livre se vend 12 francs (Au Sans pareil). Les dessins sont un nombre de 11 dont un en couleurs.

Der Sturm (N° 3, mars 1922) contient une pièce de théâtre de Tristan Tzara, des poèmes de Philipe Soupault, Paul Eluard, Benjamin Péret, André Breton, Georges Ribemont-Dessaignes, Roger Vitrac, Theodore Fraenkel, Paul Morise, Jaques Baron, Louis Aragon, l'œil de zinc et des dessins de Man Ray et de Delaunay. (2 francs. A las libraire Six, 5 avenue de Lowendal et au Sans Pareil, 37, avenue Kleber.)

Mécano, revue hollandaise dirigée par J.K. Bonset et Th. Van Doesburg. (2 francs, A la libraire Six, 5 avenue de Lowendal.) Des dadaïsmes de tous les étages envoient leurs dames au salon. A lire.

Feule immobile par Serge Charehoune (1 fr. 50).

Une nouvelle revue américaine va paraître à Vienne sous la direction de Gorham B. Munson. Son titre est « Secession » et le représentant à Paris, Matthew Josephson.

Un coup de force du jeune V. pour s'emparer de la direction de « Aventure » ayant mis cette revue sous la tutelle militaire de Picabia, son co-directeur M. Marcel Arland fonde une nouvelle revue « Des ». Le hasard et l'amour de jeu.

Dans la Revue Américain « HOY » un article de Huidobro sur la poésie française dans lequel noue relevons cette phrase : « Parmi les élèves de Henri Barzun et Sébastien Voirol il faut citer le nom de Fernand Divoirem un jeune poète belge très bon grammairien qui fait des recherches enthousiastes dans la vieille poésie ».

Man Ray va publier un album de 12 photographies originales 18 X 24 sous le titre « *Les Champs délicieux* » avec une préface de Tristan Tzara. Cet album sera tire a 40 exemplaires, le 41me exemplaire contiendra les épreuves des cliches rayes. C'est las première fois que la photographie est mise sur le même plan que les œuvres picturales originales. Le procédé photographique est utilise ici pour marquer un état d'esprit et constitue en dehors des recherches des peintres de la dernière époque un des essais des plus intéressants.
Le prix de cet album est de **200** fr. pour les souscripteurs.
En raison du tirage restreint, il ne sera donne suite qu'aux commandes des premiers quarante souscripteurs.
Prête d'envoyer les souscriptions à Man Ray, 15, rue Delambre, Paris (15°)

DERNIERE HEURE

Les membres du Congres du Modernisme, a la suite des menaces de quelques imposteurs perfides, ont décide il y a quelques jours d'abandonner cette excellence idée de circuler comme les chiens en laisse entre les principes des célèbres théoriciens. Le Congres meurt de nationalisme au chocolat, vanité vanillée et de la bêtise presque suisse de quelques-uns de nos plus précis concitoyens.

Sécession a paru. Les excellents efforts de Munson et de Josephson mettront des fesses dans l'huile coagulée et parasite de Broom, Little Review, Dial et leur morues d'aisance.

Gérant : Georges Ribemont-Dessaignes.

III

Quelques poètes sont sortis
à Philippe Soupault

Comme autrefois, d'une carrière abandonnée,
comme un homme triste,
le brouillard, sensible et tête
comme un homme fort et triste,
tombe dans la rue, épargne les maisons et nargue les rencontres.

Dix, cent, mille crient
pour un ou plusieurs chanteurs silencieux.
Chant de l'arbre et de l'oiseau,
la jolie fable, le soutien.
Une émotion naît, légère comme le poil.
Le brouillard donne sa place au soleil
et qui l'admire?
dépouillé comme un arbre
de toutes ses feuilles, de toute son ombre?

Ô souvenir! Ceux qui criaient.

Paul Eluard

**Portrait de TRISTAN TZARA
par
FRANCIS PICABIA**

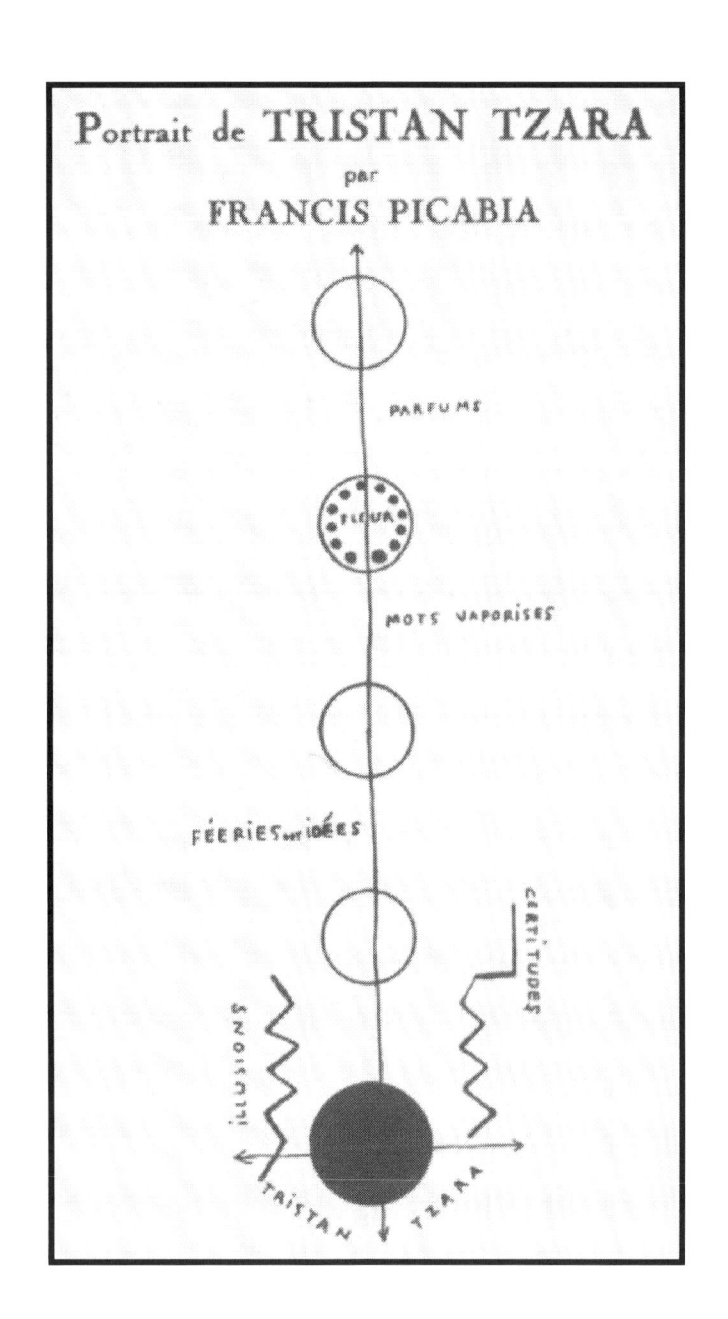

PARFUMS

FLEUR

MOTS VAPORISÉS

FÉERIES ET IDÉES

CERTITUDES

ILLUSIONS

TRISTAN TZARA

LE CŒUR A GAZ

CARACTÈRES

ŒIL

BOUCHE

NEZ

OREILLE

COU

SOURCIL

COU est au-dessus de la scène, NEZ vis-à-vis au-dessus le public. Tous les autres personnages entrent et sortent *ad libitum*. Le cœur chauffé au gaz marche lentement, grande circulation, c'est la seule et la plus grande escroquerie du siècle en 3 actes, elle ne portera bonheur qu'aux imbéciles industrialisés qui croient à l'existence des génies. Les interprètes sont priés de donner à cette pièce l'attention due à un chef-œuvre de la force de Macbeth ou Chantecler, mais de traiter l'auteur, qui n'est pas un génie, avec peu de respect et de constater le manque de sérieux du texte qui n'apporte aucune nouveauté sur la technique du théâtre.

THE GAS HEART

CHARACTERS

EYE

MOUTH

NOSE

EAR

NECK

EYEBROW

(Neck stands downstage, Nose opposite, confronting the audience. All the other characters enter and leave as they please. The gas heart walks slowly around, circulating widely; it is the only and greatest three-act hoax of the century; it will satisfy only industrialized imbeciles who believe in the existence of men of genius. The actors are requested to give this play the attention due a masterpiece such as Macbeth or Chantecler, but to treat the author, who is not a genius, with no respect and to note the levity of the script which brings no technical innovation to the theatre.)

ACTE

I

OEIL
Statues bijoux grillades
statues bijoux grillades
statues bijoux grillades
statues bijoux grillades
statues bijoux grillades
et le vent ouvert aux illusions mathématiques

cigare bouton nez
cigare bouton nez
cigare bouton nez
cigare bouton nez
cigare bouton nez
cigare bouton nez
il aimait une sténographe

les yeux remplacés par les nombrils immobiles
monsieur mondieu est un excellent journaliste
raide et aquatique un bonjour mort flottait dans l'air
quelle triste saison.

BOUCHE
La conversation devient ennuyeuse n'est-ce pas ?

ŒIL
Oui, n'est-ce pas

BOUCHE
Très ennuyeuse, n'est-ce pas ?

ŒIL
Oui, n'est-ce pas ?

BOUCHE
Naturellement, n'est-ce pas ?

ACT

I

EYE
Statues jewels *grillades*
statues jewels *grillades*
statues jewels *grillades*
statues jewels *grillades*
statues jewels *grillades*
and the wind open to mathematical allusions

cigar button nose
cigar button nose
cigar button nose
cigar button nose
cigar button nose
cigar button nose
he was in love with a stenographer

eyes replaced by motionless navels
mister mygod is an excellent journalist
inflexible yet acquatic a dead greeting was drifting in the air
what a sad season

MOUTH
The conversation is getting tedious, isn't it?

EYE
Yes, isn't it.

MOUTH
Very tedious, isn't it?

EYE
Yes, isn't it?

MOUTH
Naturally, isn't it?

ŒIL
Évidemment, n'est-ce pas ?

BOUCHE
Ennuyeuse, n'est-ce pas ?

ŒIL
Oui, n'est-ce pas ?

BOUCHE
Évidemment, n'est-ce pas ?

ŒIL
Oui, n'est-ce pas ?

BOUCHE
Très ennuyeuse, n'est-ce pas ?

ŒIL
Oui, n'est-ce pas ?

BOUCHE
Naturellement, n'est-ce pas ?

ŒIL
Evidemment, n'est-ce pas ?

BOUCHE
Ennuyeuse, n'est-ce pas ?

OEIL
Oui, n'est-ce pas ?

NEZ
Hé là-bas, l'homme aux cicatrices d'étoiles, où courez-vous ?

OREILLE
Je cours au bonjour
je brûle aux yeux des jours
j'avale les bijoux
je chante dans les cours

EYE
Obviously, isn't it?

MOUTH
Tedious, isn't it?

EYE
Yes, isn't it?

MOUTH
Obviously, isn't it?

EYE
Yes, isn't it?

MOUTH
Very tedious, isn't it?

EYE
Yes, isn't it?

MOUTH
Naturally, isn't it?

EYE
Obviously, isn't it?

MOUTH
Tedious, isn't it?

EYE
Yes, isn't it?

NOSE
Hey, over there, man with starred scars, where are you running?

EAR
I'm running toward "bonjour"
I'm burning in the eyes of my days
I swallow jewels
I sing in courtyards

l'amour n'a pas de cœur ni cor de chasse à la pêche
des cœurs en œufs durs

BOUCHE *(sort)*

NEZ
Hé là-bas l'homme au cri de perle grasse que mangez-vous ?

OREILLE
Plus de 2 ans passé, hélas, depuis que j'ai commencé la chasse. Mais, voyez-vous on s'habitue à sa fatigue et comme le mort serait tenté de vivre, la mort du magnifique empereur le prouve, l'importance des choses diminue – tous les jours – un peu…

NEZ
Hé là-bas, l'homme aux plaies mollusques laines chaînes, l'homme aux peines diverses et aux poches pleines, l'homme tarte à la géographie, d'où êtes-vous ?

OEIL
L'écorce des arbres apothéose arbitre les vers mais la pluie faut marcher l'horloge de la poésie organisée. Les banques emplies de coton hydrophile. Homme de ficelles soutenu par les ampules comme vous et comme les autres. A la fleur de porcelaine jouez-nous au violon la chasteté, o cerisier, la mort est courte et cuite au bitume au trombone capital.

NEZ
Hé là-bas, monsieur…

OREILLE
Hé hé hé hé hé hé hé hé hé hé hé hé hé

COU
Mandarine et blanc d'Espagne
je me tue Madeleine Madeleine

OREILLE
L'œil dit à la bouche : œuvre la bouche pour le bonbon de l'œil

love hasn't the heart nor a hunting horn to fish
hard-boiled-egg hearts with.

(Mouth exits.)

NOSE
You over there, man with a scream like a fat pearl, what're you eating?

EAR
More than two years have passed, alas, since I started this hunt. But do you see how one can get used to fatigue and how death would be tempted to live, the magnificent emperor's death proves it, the importance of everything diminishes, every day by a little . . .

NOSE
You over there, man with wounds of chained wool mollusks, man of many pains and full pockets, geographical pie man, where do you come from?

EYE
The bark of apotheosized trees shadows wormy verse but the rain makes organized poetry's clock tick. The banks full of cotton-wool. String man supported by blisters like you and all the others. To the porcelain flower play us chastity on your violin, O cherry tree, death is so quick and cooks over the bituminous coal of the trombone capital.

NOSE
Hey, you over there, mister.

EAR
Hey hey hey hey hey hey hey hey hey hey hey hey

NECK
Tangerine and white from Spain
I'm killing myself Madeleine Madeleine.

EAR
The eye tells the mouth: open your mouth for the candy of the eye.

COU
Mandarine et blanc d'Espagne
je me tue Madeleine Madeleine

ŒIL
Sur l'oreille le vaccin de perle grave aplatie en mimosa

OREILLE
Ne trouvez-vous pas qu'il fait très chaud ?

BOUCHE *(qui vient d'entrer)*
Il fait très chaud en été.

ŒIL
La beauté de ton visage est un chronomètre en précision

COU
Mandarine et blanc d'Espagne
je me tue Madeleine Madeleine

OREILLE
L'aiguille montre l'oreille gauche l'œil droit le front le sourcil le front le sourcil l'œil gauche l'oreille gauche les lèvres le menton le cou

ŒIL
Clitemnestre femme d'un ministre, regardait à la fenêtre, Les violoncellistes passaient dans un carrosse de thé chinois, mordant l'air et les caresses à cœur ouvert. Vous êtes belle Clitymnestre, le cristal de votre peau éveille la curiosité de nos sexes. Vous êtes tendre et calme comme 2 mètres de soie blanche. Clitemnestre, mes dents tremblent. Vous êtes mariée. J'ai froid, j'ai peur. J'ai vert j'ai fleur j'ai gazomètre j'ai peur. Vous êtes mariée. Mes dents tremblent. Quand aurez-vous le plaisir de regarder la mâchoire inférieure du revolver se fermer dans mon poumon de craie. Sans espoir de famille.

COU
Mandarine et blanc d'Espagne
je me tue Madeleine Madeleine

NECK
Tangerine and white from Spain
I'm killing myself Madeleine Madeleine.

EYE
Upon the ear the vaccine of serious pearl flattened to mimosa.

EAR
Don't you think it's getting rather warm?

MOUTH *(who has just come in again)*
It gets warm in the summer.

EYE
The beauty of your face is a precision chronometer.

NECK
Tangerine and white from Spain
I'm killing myself Madeleine Madeleine.

EAR
The watch hand shows the left ear the right eye the fore-head the eyebrow the forehead the eyebrow the left eye the left ear the lips the chin the neck.

EYE
Clytemnestra, the diplomat's wife, was looking out of the window. The cellists go by in a carriage of Chinese tea, biting the air and openhearted caresses. You are beautiful, Clytemnestra, the crystal of your skin awakens our sexual curiosity. You are as tender and as calm as two yards of white silk. Clytemnestra, my teeth are trembling. I'm cold, I'm afraid. I'm green I'm flower I'm gasometer I'm afraid. You are married. My teeth are trembling. When will you have the pleasure of looking at the lower jaw of the revolver closing in my chalk lung. Hopeless, and without any family.

NECK
Tangerine and white from Spain
I'm killing myself Madeleine Madeleine.

BOUCHE
Trop sensible aux sanctions de votre goût j'ai décidé de fermer le robinet. L'eau chaude et l'eau froide de mon charme ne sauront plus divertir les doux résultats de votre sueur, l'amour de cœur ou l'amour tout court *(sort)*.

OREILLE *(entre)*
Son cou est étroit mais le pied large. Il peut facilement tambouriner avec les doigts des pieds sur son ventre ovale qui a déjà servi de balle à quelques matchs de rugby. Il n'est pas être car il est composé de morceaux. Les hommes simples se manifestent par une maison, les hommes importants par un monument.

NEZ
Mais oui mais oui mais oui mais oui mais oui…

SOURCIL
« Où », « combien », « pourquoi » sont des monuments. Par exemple la justice. Quel beau fonctionnement régulier, presque un tic nerveux ou un religion.

NEZ *(decrescendo)*
Mais oui mais oui mais oui mais oui mais oui…

SOURCIL
Dans le lac trempé 2 fois au ciel – au ciel à barbe – on trouva un joli matin. L'objet fuyait entre les narines. Goût acidulé de faible courant électrique, ce goût qui aux portes des mines de sel s'ouvre au zinc, au caoutchouc, à l'étoffe – sans poids et grimé. Un soir – en fouillant le soir – on trouva au fond un tout petit soir. Il s'appelait bonsoir.

NEZ
Mais oui mais oui mais oui mais oui mais oui

ŒIL
Attention ! Cria le héro, les 2 chemins de fumée des maisons ennemies nouaient une cravate – et cela montait vers le nombril lumineux.

NEZ
Mais oui mais oui mais oui mais oui mais oui

MOUTH
Too sensitive to approval by your good taste I have decided to shut off the faucet. The hot and cold water of my charm will no longer be able to divert the sweet results of your sweat, true love or new love. *(Exits.)*

EAR *(entering)*
His neck is narrow but his foot is quite large. He can easily drum with his fingers or toes on his oval belly which has already served as a ball several times during rugby. He is not a being because he consists of pieces. Simple men manifest their existences by houses, important men by monuments.

NOSE
How true how true how true how true how true

EYEBROW
"Where," "how much," "why," are monuments. Take, for example, Justice. What beautiful, regular functioning, practically a nervous tic or a religion.

NOSE *(decrescendo)*
How true how true how true how true how true . . .

EYEBROW
In the lake dipped twice in the sky, the bearded sky, a pretty morning was found. The object escapes between the nostrils. Acidulous taste of weak electric current, this taste which at the entrances to salt mines switches to zinc, to rubber, to cloth, weightless and grimy. One evening while out walking in the evening, someone found a tiny little evening on the ground. And its name was good evening.

NOSE
How true how true how true how true how true . . .

EYE
Look out! Cried the hero, the two paths of smoke from those enemy houses were knotting a necktie--and it rose toward the navel of light.

NOSE
How true how true how true how true how true . . . .

OREILLE
Distraitement le voleur se transforma en valise, le physicien pourra donc dire que c'est la valise qui a volé la voleur, La valse marchait toujours – c'est toujours qui ne marchait plus – il valsait – et les amoureux en déchiraient des parties au passage – au vieux mur les affiches ne sont pas valables.

NEZ
Mais oui mais oui mais oui mais oui mais oui…

ŒIL
On attrapait des rhumes pour son tic-tac. Pour le tic-tac de sa vie un peu de mort. Elle s'appelle continuité.

NEZ
Mais oui mais oui mais oui mais oui mais oui…

ŒIL
Jamais pêcheur ne fit plus d'ombres assassinées sous les ponts de Paris. Mais tout d'un coup il sonna midi cous le cachet du clin d'œil les larmes s'embrouillaient en télégrammes chiffres et obscurs.

SOURCIL
Il s'aplatit comme une tache de papier argenté et quelques gouttes quelques souvenirs quelques feuilles certifiaient la cruauté d'une faune fervent et réelle. Vent rideau du vide secoue – son ventre est plein de tant de monnaies étrangères. Le vide boit le vide : l'air est venu avec des yeux bleus, c'est pour cela qu'il prend tout le temps des cachets d'aspirine. Une fois par jour nous avortons de nos obscurités.

ŒIL
Nous en avons le temps, hélas, le temps ne nous manque plus. Le temps porte des moustaches, comme tout le monde, même les femmes et les Américains rasés. Le temps est serré – l'œil est mauvais – mais il n'est pas encore la bourse en rides de l'avare.

BOUCHE
N'est-ce pas ?

ŒIL
La conversation devient ennuyeuse, n'est-ce pas ?

EAR
As the robber absent-mindedly changed himself into a valise, the physicist could therefore claim that the valise stole the robber. The waltz always went on - it is always which was not going on - it was waltzing - and the lovers were tearing pieces from it as it passed -- posters are worthless on old walls.

NOSE
How true how true how true how true how true . . .

EYE
They kept catching colds quite frequently. For the regularity of life, a little death. Its name was continuity.

NOSE
How true how true how true how true how true . . .

EYE
Never had a fisherman made more assassinating shadows under the bridges of the city. But suddenly midnight sounded beneath the stamp of a blink and tears jumbled in ciphered and arcane telegrams.

EYEBROW
He flattened out like a bit of tin foil and several drops several memories several leaves testified to the cruelty of an impassioned and actual wildlife. Wind, a hollow curtain, shakes -- his stomach is full of foreign money. The void drinks the void: the air has arrived with its blue eyes, and that is why it always takes aspirin. Once a day we give abortive birth to our obscurities.

EYE
We have the time, alas, time is lacking no longer. Time wears mustaches now like everyone, even women and shaven Americans. Time is grudging, the eye is weak, but it isn't yet in the miser's wrinkled purse.

MOUTH
Isn't it?

EYE
The conversation is getting tedious, isn't it?

BOUCHE
Oui, n'est-ce pas ?

ŒIL
Très ennuyeuse, n'est-ce pas ?

BOUCHE
Oui, n'est-ce pas ?

ŒIL
Naturellement, n'est-ce pas ?

BOUCHE
Evidemment, n'est-ce pas ?

ŒIL
Ennuyeuse, n'est-ce pas ?

BOUCHE
Oui, n'est-ce pas ?

ŒIL
Évidemment, n'est-ce pas ?

BOUCHE
Oui, n'est-ce pas ?

ŒIL
Très ennuyeuse, n'est-ce pas ?

BOUCHE
Oui, n'est-ce pas ?

ŒIL
Naturellement, n'est-ce pas ?

BOUCHE
Ennuyeuse, n'est-ce pas ?

ŒIL
Evidemment, mondieu.   **RIDEAU**

MOUTH
Yes, isn't it?

EYE
Very tedious, isn't it?

MOUTH
Yes, isn't it?

EYE
Naturally, isn't it?

MOUTH
Obviously, isn't it?

EYE
Tedious, isn't it?

MOUTH
Yes, isn't it?

EYE
Obviously, isn't it?

MOUTH
Yes, isn't it?

EYE
Very tedious, isn't it?

MOUTH
Yes, isn't it?

EYE
Naturally, isn't it?

MOUTH
Tedious, isn't it?

EYE
Obviously mygod.   **CURTAIN**

René Crevel et Madame X jouant à la soirée du cœur à barbe

ACTE

II

SOURCIL
Nous allons aujourd'hui aux courses.

BOUCHE
N'oublions pas l'appareil.

OEIL
Eh bien bonjour.

OREILLE
Le bataillon mécanique des poignées de mains crispées.

BOUCHE *(sort)*

NEZ *(crie)*
Clitemnestre est gagnant !

OREILLE
Comment, vous ne saviez pas que Clitemnestre est un cheval de course ?

OEIL
Les bousculades amoureuses conduisent à tout. Mais la saison est propice. Prenez garde, chers amis, la saison est satisfaisante. Elle mord les paroles. Elle tend les silences en accordéons. Les serpents se profilent dans leurs propres lorgnons. Et que faites-vous des cloches des yeux, demanda l'intermédiaire.

OREILLE
"Des chercheurs et des curieux", répondit Oreille.
Elle finit les nerfs des autres dans le coquillage blanc de porcelaine. Elle gonfle.

NEZ
Eventail en crise de bois
corps léger en rire majeur.

ACT

II

EYEBROW
We're going to the races today.

MOUTH
Let's not forget the camera.

EYE
Well, hello.

EAR
The mechanical battalion of the wrists of clenched hand-shakes.

(Mouth exits.)

NOSE *(shouts)*
Clytemnestra is winning!

EAR
What do you mean, you didn't know that Clytemnestra is a race horse?

EYE
Amorous jostlings lead to all places. But the season is propitious. Take care, dear friends, the season is content. It chews on words. It expands silences in accordions. Snakes line up everywhere in their polished eyeglasses. And what do you do with the bells of eyes, asked the entrepreneur.

EAR
"Seekers and curious people," answered Ear. She finishes the nerves of others in the white porcelain shell. She swells.

NOSE
Fan having a seizure of wood,
light body with serious laugh.

SOURCIL
Les courroies des moulins à rêves
effleurent la mâchoire inférieure en laine de nos plantes carnivores.

OREILLE
Oui, je sais, les rêves aux cheveux.

OEIL
Les rêves d'anges.

OREILLE
Les rêves d'étoffe, les montres en papier.

OEIL
Les rêves majuscules en solennités d'inauguration.

OREILLE
Les anges en hélicoptère.

NEZ
Oui, je sais.

OEIL
Les anges de conversation.

COU
Oui je sais.

OREILLE
Les anges en coussins.

NEZ
Oui je sais.

OEIL
Les anges en glace.

COU
Oui je sais.

EYEBROW
The machine belts of the mills of dreams caress the woolen lower jaws of our carnivorous plants.

EAR
Yes, I know... dreams with hair.

EYE
Dreams of angels.

EAR
Dreams of cloth, paper watches.

EYE
Capital dreams of solemn inaugurations.

EAR
Angels in helicopters.

NOSE
Yes, I know.

EYE
Angels of conversation.

NECK
Yes, I know.

EAR
Angels in cushions.

NOSE
Yes, I know.

EYE
Angels in ice.

NOSE
Yes, I know.

OREILLE
Les anges des milieux.

NEZ
Oui je sais.

OREILLE
La glace est rompue, disaient nos pères à nos mères, au premier printemps de leur existence qui était honorable et gracieuse.

OEIL
Voilà comment l'heure comprend l'heure, l'amiral sa flotte de paroles. Hiver enfant la paume de ma main.

BOUCHE *(entre)*
J'ai gagné beaucoup d'argent.

NEZ
Merci pas mal.

BOUCHE
Je nage dans le bassin j'ai des colliers de poissons rouges.

COU
Merci pas mal.

BOUCHE
J'ai une coiffure à l'américaine

NEZ
Merci pas mal.

OEIL
Oui j'ai déjà vu ça à New-York.

COU
Merci pas mal.

BOUCHE
Je ne comprends rien aux bruits de la prochaine guerre.

EAR
Angels in our neighborhoods.

NOSE
Yes, I know.

EAR
The ice is broken, said our fathers to our mothers, in that first springtime of life which was honorable and gracious.

EYE
This is how the hour understands the hour, the admiral his fleet of lyrics. Winter child, the palm of my hand.

MOUTH *(enters)*
I've made a great deal of money.

NOSE
Thank you, not bad.

MOUTH
I swim around the dock. I have necklaces of goldfish.

NECK
Thank you, not bad.

MOUTH
I'm wearing the latest American hairstyle.

NOSE
Thank you, not bad.

EYE
I've seen it already in New York.

NECK
Thank you, not bad.

MOUTH: I don't understand anything in regard to the commotion of the next war.

COU
Merci pas mal.

BOUCHE
Et je maigris tous les jours.

NEZ
Merci pas mal.

BOUCHE
Un jeune homme m'a suivi dans la rue à bicyclette.

COU
Merci pas mal.

BOUCHE
Je m'embarque lundi prochain.

NEZ
Merci pas mal.

OEIL
Clitemnestre le vent souffle. Le vent souffle. Sur les quais aux grelots garnis. Tournez le dos coupez le vent. Vos yeux sont des cailloux car ils ne voient que la pluie et le froid. Clitemnestre. Avez-vous senti les horreurs de la guerre ? Savez-vous glisser sur la douceur de mon langage ? Ne respirez-vous pas le même air que moi ? Ne parlez-vous pas la même langue ? Dans quel métal incalculable sont incrustés vos doigts de malheur ? Quelle musique filtrée par que rideau mystérieux empêche mes paroles de pénétrer dans la cire de votre cerveau ? Certes, la pierre vous ronge et les os vous frappent les muscles, mais jamais le langage découpé en tranches de chance ne déclenchera en vous le ruisseau employant les moyens blancs.

BOUCHE *(sort)*

OREILLE
Vous connaissez les calendriers d'oiseaux ?

OEIL
Comment ?

NECK
Thank you, not bad.

MOUTH
And I'm getting thinner every day.

NOSE
Thank you, not bad.

MOUTH
A young man followed me in the street on his bicycle.

NECK
Thank you, not bad.

MOUTH
I'll be leaving next Monday.

NOSE
Thank you, not bad.

EYE
Clytemnestra, the wind is blowing. The wind is blowing. On the quays of decorated bells. Turn your back, cut off the wind. Your eyes are stones because they only see wind and rain. Clytemnestra. Have you felt the horrors of the war? Do you know how to slide on the sweetness of my discourse? Don't you breathe the same air as I do? Don't you speak the same language? In what infinite metal are your fingers of misery inlaid? What music filtered by what mysterious curtain inhibits my words from penetrating the wax of your brain? Certainly, stone gnaws you and bones beat against your muscles, but language sliced into random cuts will never release in you the stream which employs white methods.

(Mouth exits.)

EAR
I'm certain you know the calendars of birds?

EYE
What?

OREILLE
365 oiseaux - tous les jours un oiseau s'en va - toutes les heures une plume tombe - toutes les deux heures on écrit un poème - on le découpe avec les ciseaux.

NEZ
J'ai déjà vu ça à New-York.

OEIL
Quel philosophe. Quel poète. Je n'aime pas la poésie.

OREILLE
Mais alors vous aimez les boissons fraîches ? Ou les paysages ondulé comme les chevelures des danseuses ? Ou bien les villes antiques ? Ou les sciences occultes ?

OEIL
Je connais tout ça.

NEZ
Un peu plus de vie, là-bas sur la scène.

SOURCIL
Tambour gris pour la fleur de ton poumon.

OREILLE
Mon poumon est en poumons et non en carton si vous voulez savoir.

OEIL
Mais, Mademoiselle.

OREILLE
Je vous en prie, Monsieur.

OEIL
Pâques vertébrés en cages militaires la peinture ne m'intéresse pas beaucoup. J'aime les paysages sourds et larges galops.

NEZ
Elle est charmante votre pièce mais on n'y comprend rien.

EAR
Three hundred and sixty-five birds - every day a bird flies away - every hour a feather falls - every two hours a poem is written – then, it's cut apart with scissors.

NOSE
I've seen it in New York already.

EYE
What a philosophy. What a poet. I don't like poetry.

EAR
Then you must love cold drinks? Or the countryside undulating like a dancer's mane? Or ancient cities? Or maybe the occult?

EYE
I know it all well.

NOSE
A little more life on the stage.

EYEBROW
Gray drum for the flower of your lung.

EAR
My lung is made out of lung, and it's not made out of cardboard, if you must know.

EYE
But, Miss.

EAR
Please, Sir.

EYE
Holiday-boned in military cages painting doesn't much interest me too much. I like a quiet countryside with plenty of horseback riding.

NOSE
Though your piece is quite charming, it's really much too vague.

SOURCIL
Il n'y a rein à comprendre tout est facile à faire et à apprendre. Goulot de pensée d'où sortira le fouet. Le fouet sera un myosotis. Le mysosotis un encrier vivant. L'encrier habillera la poupée.

OREILLE
Elle est charmante votre fille.

OEIL
Vous êtes bien aimable.

OREILLE
Vous vous intéressez aux sports ?

OEIL
Oui ce moyen de communication est assez pratique.

OREILLE
Vous savez j'ai un garage.

OEIL
Merci bien.

OREILLE
C'est le printemps le printemps…

NEZ
Je vous dis qu'il a 2 mètres.

COU
Je vous dis qu'il a 3 mètres.

NEZ
Je vous dis qu'il a 4 mètres.

COU
Je vous dis qu'il a 5 mètres.

NEZ
Je vous dis qu'il a 6 mètres.

EYEBROW
There's nothing to figure out, everything is easy to perform and study. A spout of thought from whence a whip will crack. The whip will be a forget-me-not, the forget-me-not a living inkpot. The inkpot will dress a doll.

EAR
Your daughter is charming indeed.

EYE
You're very kind.

EAR
Do you follow sports?

EYE
Yes, this method of communication is rather useful.

EAR
You know, of course, that I own a garage.

EYE
Thank you very much.

EAR
It's spring, it's spring.

NOSE
I'm telling you, it's two meters.

NECK
I'm telling you, it's three meters.

NOSE
I'm telling you, it's four meters.

NECK
I'm telling you, it's five meters.

NOSE
I'm telling you, it's six meters.

COU
Je vous dis qu'il a 7 mètres.

NEZ
Je vous dis qu'il a 8 mètres.

COU
Je vous dis qu'il a 9 mètres.

NEZ
Je vous dis qu'il a 10 mètres.

COU
Je vous dis qu'il a 11 mètres.

NEZ
Je vous dis qu'il a 12 mètres.

COU
Je vous dis qu'il a 13 mètres.

NEZ
Je vous dis qu'il a 14 mètres.

COU
Je vous dis qu'il a 15 mètres.

NEZ
Je vous dis qu'il a 16 mètres.

COU
Merci merci très bien.

OEIL
Amour - sport ou réquisitoire
sommaire des BOTTINS d'amour - amour
accumulé par les siècles des poids et des nombres
avec ses seins de cuir et de cristal
dieu est un tic nerveux des dunes inexactes
nerveux et agile feuillette les pays et les poches des spectateurs

NECK
I'm telling you, it's seven meters.

NOSE
I'm telling you, it's eight meters.

NECK
I'm telling you, it's nine meters.

NOSE
I'm telling you, it's ten meters.

NECK
I'm telling you, it's eleven meters.

NOSE
I'm telling you, it's twelve meters.

NECK
I'm telling you, it's thirteen meters.

NOSE
I'm telling you, it's fourteen meters.

NECK
I'm telling you, it's fifteen meters.

NOSE
I'm telling you, it's sixteen meters.

EAR
Thank you, thank you, very well.

EYE
Love-sport or indictment
summary of the phonebooks of love, love
accumulated by centuries of weights and numbers
with its breasts of copper and crystal
god is a nervous tic of slumbering sand dunes
nervous and agile leafs through countries and the pockets of
onlookers

la coiffure de mort jetée au fléau au dehors neuf
amitié à tort juxtaposée en délicatesse.

NEZ
Je vous dis que l'amour a 17 mètres.

COU
Je vous dis qu'il a 18 mètres.

NEZ
Je vous qu'il a 19 mètres.

COU
Je vous dis qu'il a 20 mètres.

NEZ
Je vous qu'il a 21 mètres.

COU
Je vous dis qu'il a 22 mètres.

NEZ
Je vous qu'il a 23 mètres.

COU
Je vous dis qu'il a 24 mètres.

NEZ
Je vous qu'il a 25 mètres.

COU
Je vous dis qu'il a 26 mètres.

NEZ
Je vous qu'il a 27 mètres.

COU
Je vous dis qu'il a 28 mètres.

the hairdo of death thrown out on the new flail friendship with error delicately juxtaposed.

NOSE
I'm telling you, love's seventeen meters.

NECK
I'm telling you, it's eighteen meters.

NOSE
I'm telling you, it's nineteen meters.

NECK
I'm telling you, it's twenty meters.

NOSE
I'm telling you, it's twenty-one meters.

NECK
I'm telling you, it's twenty-two meters.

NOSE
I'm telling you, it's twenty-three meters.

NECK
I'm telling you, it's twenty-four meters.

NOSE
I'm telling you, it's twenty-five meters.

NECK
I'm telling you, it's twenty-six meters.

NOSE
I'm telling you, it's twenty-seven meters.

NECK
I'm telling you, it's twenty-eight meters.

NEZ
Je vous dis qu'il a 29 mètres.

OREILLE
Vous avez une très jolie tête
vous devriez en faire une sculpture
vous devriez donner une grande fête
pour comprendre et aimer la nature
et enfoncer dans la sculpture des fourchettes
les herbes de ventilateurs flattent les beau jours.

SOURCIL
Au feu ! Au feu !
Je crois que Clitemnestre brûle.

NOSE
I'm telling you, it's twenty-nine meters.

EAR
You have a very pretty head
you ought to have it sculpted
you ought to give a *grande fête*
to realize nature and to love nature
and to jab forks into this sculpture
the grasses of the ventilators flatter the fine days.

EYEBROW
Fire! Fire!
I think Clytemnestra's ablaze.

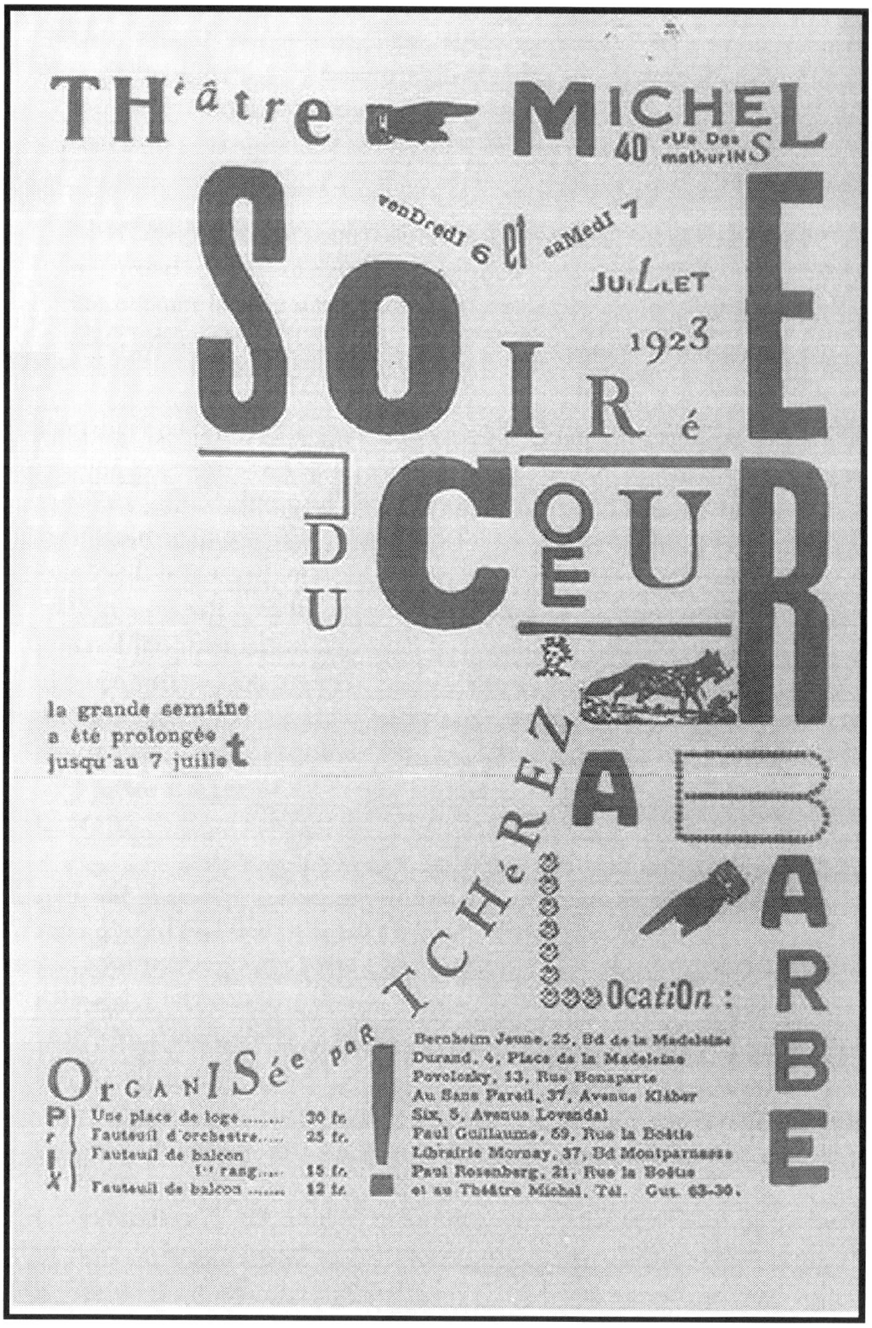
THéâtre MICHEL
40 rUe Des mathurINS
SOIRéE
venDredI 6 et saMedI 7
JUILLET
1923
DU COEUR
A BARBE
la grande semaine
a été prolongée
jusqu'au 7 juillet
OrGANISée par TCHéREZ
LOcatiOn :
PrIX
Une place de loge .... 30 fr.
Fauteuil d'orchestre..... 25 fr.
Fauteuil de balcon 1er rang..... 15 fr.
Fauteuil de balcon .... 12 fr.
Bernheim Jeune, 25, Bd de la Madeleine
Durand, 4, Place de la Madeleine
Povolozky, 13, Rue Bonaparte
Au Sans Pareil, 37, Avenue Kléber
Six, 5, Avenue Lovendal
Paul Guillaume, 59, Rue la Boëtie
Librairie Mornay, 37, Bd Montparnasse
Paul Rosenberg, 21, Rue la Boëtie
et au Théâtre Michel, Tél. Gut. 63-30.

ACTE

III

COU
Le ciel est couvert
Mon doigt est ouvert
Machine à coudre les regards
Le fleuve est ouvert, le cerveau est couvert
Machine à coudre les regards.

BOUCHE
On en fera une belle étoffe pour la robe de cristal.

NEZ
Vous voulez dire « le désespoir vous donne des explications sur ses cours de change ».

BOUCHE
Non je ne veux rien dire. J'ai mis depuis longtemps dans la boîte à chapeaux ce que j'avais à dire.

NEZ
Tout le monde te connaît, tapis des idées perdues, cristallisation.

COU
Tout le monde te connaît, formule de chanson, marche-pied d'algèbre, numéro d'insomnie, mécanique à triple peau.

BOUCHE
Tout le monde ne me connaît pas. Je suis seule dans mon armoire et la glace est vide lorsque je me regarde. J'aime aussi les oiseaux aux bouts des cigarettes allumées. Les chats, tous les animaux et tous les végétaux. J'aime les chats, les oiseaux, les animaux et les végétaux qui sont la projection de Clitimnestre dans le cœur, les draps du lit, les vases et les prairies. J'aime le foin. J'aime le jeune homme qui me fait de si tendres déclarations et dont la méninge est déchirée au soleil.

DANSE

(du monsieur qui tombe de l'entonnoir du plafond sur la table).

ACT

III

NECK
The sky is clouded
my finger is opened
sewing-machine, all these sights
the river is opened, the brain is clouded
sewing-machine, all these sights.

MOUTH
We'll make fine stuff for the crystal dress with it.

NOSE
You mean to say: "despair gives you its explanations regarding its rates of exchange."

MOUTH
I don't mean to say anything. A long time ago I put all that I had to say into a hatbox.

NOSE
Everybody knows you, tapestry of wasted ideas, crystallization.

NECK
Everybody knows you, song-formula, algebraic treadmill, insomnia number, triple-skinned machine.

MOUTH
Everybody does not know me. I am alone here in my wardrobe and the mirror is blank when I look at myself. Also I love the birds at the ends of lit cigarettes. Cats, all animals and all vegetables. I love cats, birds, animals and vegetables which are the projection of Clytemnestra in the heart, bedding, vases and meadows. I love hay. I love the young man who makes such tender declarations to me and whose spine is torn apart in the sun.

Dance of the gentleman fallen from a funnel in the ceiling onto the table.

fin

l'Amour

BOUCHE
Les rêves rafraîchissent le crépuscule de cuir tendu *(sort)*.

ŒIL
Imaginez-vous cher ami je ne l'aime plus.

OREILLE
Mais de qui parlez-vous ?

ŒIL
Je parle de celle que j'ai beaucoup aimée.

OREILLE
Moi aussi j'ai perdue une illusion. Le cheval favori de mon écurie a perdu ses forces.

ŒIL
Eh bien, mon cher, on renouvellera sa vie.

fin

l' Amour

MOUTH
Dreams brighten up the evening of stretched hide. *(Exits)*

EYE
Imagine that, my dear friend, I love him no longer.

EAR
Who could you be talking about?

EYE
I mean the one I've loved too well.

EAR
Me, too. I've become disenchanted as well. The prize horse in my stable has lost all his stamina.

EYE
Well then, my dear, his life requires invigoration.

OREILLE
Vous êtes amer *(sort)*

BOUCHE *(entre)*

ŒIL
Clitemnestre vous êtes belle. Je vous aime en clarté de scaphandrier – ses algues. Mon sang tremble. Vos yeux sont bleus. Pourquoi n'entendez-vous pas, Clitemnestre, le rire tranquille de mes cellules qui vous attendent, la violence de mon haleine et les douces possibilités enfantines que le sort nous réservé ? Attendez-vous peut-être d'autres révélations sensationnelles sur mon tempérament ?

BOUCHE *(sort)*

ŒIL *(tombe)*

NEZ
Grand.

COU
Fixe.

NEZ
Cruel.

COU
Lourd.

NEZ
Bas.

COU
Noir.

NEZ
Superficiel.

COU
Inodore.

EAR
You're just bitter. *(Exits)*

Enter Mouth.

EYE
Clytemnestra you are beautiful. I love you with the intensity of a diver . . . his seaweeds. My blood is trembling. Your eyes are blue. Why can't you hear, Clytemnestra, the quiet laughter of my cells awaiting you, the violence of my breath and the sweet childish possibilities fate has keeping for us? Could it be that you are awaiting further sensational revelations regarding my temperament?

Exit Mouth.

Eye falls to the stage.

NOSE
Tall.

NECK
Fixed.

NOSE
Cruel.

NECK
Heavy.

NOSE
Base.

NECK
Black.

NOSE
Shallow.

NECK
Odorless.

NEZ
Harmonieux.

COU
Lisse.

NEZ
Raide.

COU
Mandarine et Blanc d'Espagne
Je me tue Madeleine Madeleine.

OREILLE *(entre avec Bouche qui marche à 4 pattes. Crie)*
    Clitemnestre, cheval de course :
    3,000 francs !
    1 fois !
    2 fois !
    3 fois !
    Adjuge !

ŒIL *(se met à quatre pattes à coté de Bouche)*

OREILLE
Cela finira par un beau mariage.

ŒIL
Cela finira par un beau mariage.

SOURCIL
Cela finira par un beau mariage.

BOUCHE
Cela finira par un beau mariage.

COU
Cela finira par un beau mariage.

NEZ
Cela finira par un beau mariage.

NOSE
Harmonious.

NECK
Smooth.

NOSE
Unbending.

NECK
Tangerine and white from Spain
I'm killing myself Madeleine Madeleine.

EAR *(entering with Mouth, who crawls on all fours, shouts)*
Clytemnestra, race horse:
3,000 francs
Going once!
Going twice!!
Going thrice!!!
Sold!

Eye goes up to Mouth, on all fours.

EAR
This will end with a lovely marriage.

EYE
This will end with a lovely marriage.

EYEBROW
This will end with a lovely marriage.

MOUTH
This will end with a lovely marriage.

NECK
This will end with a lovely marriage.

NOSE
This will end with a lovely marriage.

OREILLE
Allez-vous coucher.

OEIL
Allez-vous coucher.

SOURCIL
Allez-vous coucher.

BOUCHE
Allez-vous coucher.

COU
Allez-vous coucher.

NEZ
Allez-vous coucher.

FINIS

EAR
Go to sleep.

EYE
Go to sleep.

EYEBROW
Go to sleep.

MOUTH
Go to sleep.

NECK
Go to sleep.

NOSE
Go to sleep.

FINIS

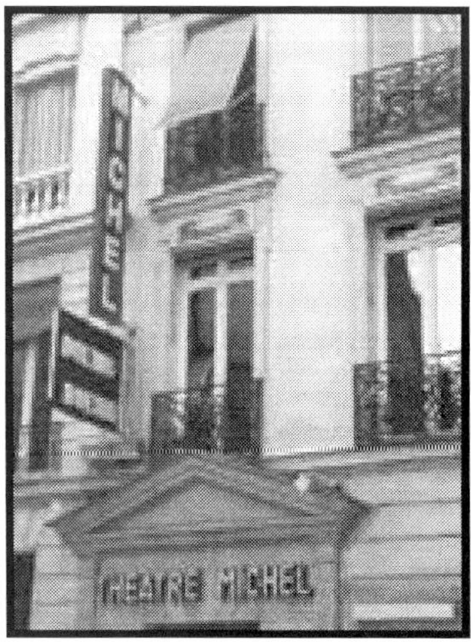
MICHEL
THEATRE MICHEL

Histoire

Le cœur à gaz a été présenté dans le cadre d'un Salon Dada à la Galerie Montaigne par les dadaïstes de Paris sur 6 Juin 1921.
La distribution comprenait grandes figures du courant Dada:

Tzara lui-même a joué LE SOURCIL

Tristan Tzara, (Moineşti, Roumanie, 1896 - Paris, 1963). Poète et essayiste roumain. L'un des fondateurs de Dada et animateur du Cabaret Voltaire à Zurich. En relation épistolaire avec André Breton depuis décembre 1918, il arrive à Paris en janvier 1920 et participe aux manifestations Dada du groupe parisien. Le « Procès Barrès » de mai 1921 révèle les divergences entre Breton et Tzara. La représentation chahutée du « Cœur à gaz » de Tzara, le 6 juillet 1923, consomme la rupture entre dadaïstes et surréalistes et marque la fin du groupe Dada parisien.

Philippe Soupault, L'OREILLE

Philippe Soupault, (Chaville, Yvelines, 1897 - Paris, 1990). Poète et romancier français. L'arrivée à Paris de Tristan Tzara (janvier 1920) coincide avec la première manifestation Dada dont fait partie Soupault. Un temps surnommé "Philippe Dada", il joue dans la pièce de Tzara « Vaseline symphonique ». S'il refuse à André Breton son soutien au Congrès de Paris en 1922, il s'éloigne de Dada l'année suivante.

Théodore Fraenkel, LE NEZ

Théodore Fraenkel, (1896-1964). Écrivain et médecin français. Condisciple d'André Breton au collège Chaptal à Paris. Il collabore aux revues "Proverbe", "Dada au grand air" et "Littérature" ainsi qu'aux différentes manifestations dadas parisiennes entre 1920 et 1921. Discret et distant, il se tourne vers la médecine après la rupture survenue entre dadaïstes et surréalistes en 1923.

Benjamin Péret, LE COU

Benjamin Péret, né le 4 juillet 1899 à Rezé, décédé le 18 septembre 1959 à Paris, fut un écrivain surréaliste avec une « fourchette coupante à cliché ». Il est connu sous plusieurs pseudonymes : Satyremont, Peralda et Peralta.

Louis Aragon, L'ŒIL

Louis Aragon est un poète, romancier, journaliste et essayiste français, né le 3 octobre 1897 à Neuilly-sur-Seine et mort le 24 décembre 1982 à Paris. Il est également connu pour son engagement et son soutien au Parti communiste français de 1930 jusqu'à sa mort. Avec André Breton, Paul Éluard, Philippe Soupault, il fut l'un des animateurs du dadaïsme parisien et du surréalisme. À partir de la fin des années 1950, nombre de ses poèmes ont été mis en musique et chantés (Jean Ferrat, Léo Ferré, etc.) contribuant à faire connaître son œuvre poétique.

Georges Ribemont-Dessaignes, LA BOUCHE

Georges Ribemont-Dessaignes, (Montpellier, Hérault, 1884 - Saint-Jeannet, Alpes-Maritimes, 1974). Poète, écrivain, dramaturge et peintre français. Participe aux manifestations Dada du groupe parisien de 1920 à 1922.

La production a été accueillie avec des hurlements de dérision et le public ont commencé à quitter alors que la performance était encore en cours.

▪▪

André Breton, Paul Eluard, Tristan Tzara, Benjamin Péret, 1922

DÉSINTÉGRATION DE DADA
La collaboration entre André Breton et Tzara, qui a débuté au cours de la fin des années 1910, a dégénéré en conflit après 1921. Breton, qui s'était opposée au style de Tzara de l'art performance et de l'excursion Dada à Saint-Julien-le-Pauvre, aurait également été contrarié par le refus du roumain à prendre au sérieux la poursuite informelle du mouvement réactionnaire de l'auteur Maurice Barrès. Une troisième position, oscillant

entre Tzara et Breton, a été détenu par Francis Picabia, qui devrait Dada à poursuivre sur la voie du nihilisme.

Le premier affrontement entre les trois factions ont eu lieu en Mars 1922, lorsque le breton a convoqué le Congrès pour la détermination et la défense de l'Esprit moderne, qui a regroupé des figures majeures associées à la modernité et des mouvements d'avant-garde. Assisté par Tzara seulement comme un moyen de ridiculiser, la conférence a été utilisé par le breton comme une plate-forme pour attaquer son collègue roumain. En réaction à cela, Tzara a publié le manifeste d'art Le Cœur à barbe, qui a également été signée par, entre autres, Péret, Marcel Duchamp, Jean Cocteau, Paul Eluard, Man Ray, Theo van Doesburg, Hans Arp, Vicente Huidobro, Ossip Zadkine, Erik Satie, Jean Metzinger, Dermée Paul, Serge Charchoune, Marcel Herrand, Pansaers Clément, Raymond Radiguet, Louis-Ferdinand Céline, Cécile Sauvage, Survage Léopold, Marcelle Meyer, Emmanuel Fay, Zdanevich Ilia, Mondzain Simon, et Grey Roch.

LE CŒUR A BARBE

Tzara a célébré la formation de ce nouveau groupe avec un spectacle de Dada, également intitulé Le Cœur à barbe, organisé par Paris au Théâtre Michel (6 Juillet 1923). Selon l'historien Steven Whiting musique Moore, l'écrivain roumain "jeter son filet trop largement. Le programme a été un méli-mélo volatile de l'ex-Dada, Dada et de pré-anti-Dada", tandis que le public, critique d'art Michel Sanouillet fait valoir, comprend «les badauds et les snobs [...] ainsi que des artistes et ceux qui savent, qui ont été attirés par la perspective de voir les loups se dévorent les uns les autres." Ecouter Tzara a été l'une des attractions, mais l'événement a été marqué la musique de Georges Auric, Darius Milhaud et Igor Stravinsky, films de Man Ray, Charles Sheeler et Hans Richter, ainsi qu'une autre pièce de Ribemont-Dessaignes (« Mouchez-vous »). Il ya aussi eu des écrits de Herrand, Zdanevich, Cocteau et Philippe Soupault, ainsi que des expositions d'œuvres de conception de Sonia Delaunay et Doesburg. Whiting note que la controverse a éclaté lorsque Soupault et Éluard trouve leurs écrits "en cours de lecture dans les mêmes événements que ceux de Cocteau", et qu'aucune explication n'a été fournie pour la présentation des œuvres par Auric, "en raison de son alliance avec Breton." Il raconte également que Satie a demandé en vain de faire Tzara reconsidérer le choix des semaines numéros musicaux avant la première.

La production nouvelle étape du Cœur de gaz a été un plus professionnel, avec des designers et une équipe complète de techniciens bien-Tzara pas dirigée ni agi dans cette performance. Sonia Delaunay conçus et costumés de la production, la création de costumes excentriques trapèze de carton épais, leur fragmentation angulaires rappelant dessins peintre espagnol Pablo Picasso pour la parade, mais dans ce cas apparemment rendu les corps des artistes interprètes ou exécutants à deux dimensions et immobile. Selon Peter Nichols, la contribution de Delaunay faisait partie intégrante de la performance, avec les costumes étant «un indice visuel à [les personnages] unidimensionnalité.

THÉATRE INTERROMPU
Une émeute a éclaté même que le coeur de gaz a été avant-première, et, selon le poète Georges Hugnet, un témoin de première main, a été provoquée par Breton, qui «se hissa sur la scène et a commencé à invectiver les acteurs." Toujours selon Hugnet, les acteurs ne pouvaient pas fuir à cause de leurs costumes de restreindre, tandis que leur agresseur a également réussi à l'agression quelques-uns des auteurs présents, le poinçonnage René Crevel et de briser le bras de Pierre de Massot avec sa canne. Bien qu'ils aient préalablement fait preuve d'une mesure de solidarité avec Tzara, Péret et ses collègues écrivain Éluard auraient aidé Breton causé plus de perturbations, brisant plusieurs feux devant la préfecture de forces de police pouvait intervenir. Hugnet raconte: «Je peux encore entendre le directeur du Théâtre Michel, s'arrachant les cheveux à la découverte de la rangées de sièges suspendus en vrac ou éventrés, et le stade dévasté, et en se lamentant:« Mon beau petit théâtre! "
Historien de l'art Michael C. Fitzgerald affirme que la violence a été déclenchée par l'indignation de Breton sur Masson avoir condamné Pablo Picasso dans le nom de Dada. Selon les témoignages, la parole de Masson également dénonciations d'André Gide, Duchamp et Picabia, à laquelle, FitzGerald notes, «personne n'a pris infraction." FitzGerald raconte aussi que, après la rupture du bras de Masson, Breton revint à sa place, que le public a ensuite été prêt à attaquer lui et son groupe, et qu'une réelle bagarre a été évitée uniquement parce que «Tristan Tzara a alerté la police d'attente". Selon Whiting les bousculades "continue à l'extérieur du théâtre après les feux ont été prisé.

HISTOIRE D'UN TEXTE
Le Cœur à gaz enduré comme l'un des plus célèbres parmi les écrits de Tzara, ainsi que parmi Dada joue en général. New York Times chroniqueur DJR Bruckner affirme: «Peu de pièces Dada survivre; celui-ci est exquise [...]."

Le texte a été reçue avec intérêt par les mouvements d'avant-garde de l'Europe centrale et orientale. En Hongrie, il a été mis en scène dès les années 1920 par la compagnie de théâtre expressionniste de Ödön Palasovszky (dans une traduction en langue hongroise par Endre Gáspár).

En 1930, Tzara a produit et réalisé le film Le Cœur à Barbe, mettant en vedette quelques-uns des principaux protagonistes du spectacle original.

HISTOIRE DES PUBLICATIONS
La pièce a été publiée (en français) dans le périodique *Der Sturm*, vol. 13, no. 3, le 22 Mars 1922.
La première publication sous forme de livre a été Paris: GLM, 1946.
Le jeu est réédité en Oeuvres complète de Tristan Tzara (Paris: Flammarion, 1975)

APPENDICE A

DIALOGUE ENTRE UN COCHER ET UNE ALOUETTE

Huelsenbeck (cocher) : Hüho hüho. Ich grüsse Dich, o Lerche.
Tzara (alouette) : Bonjour Mr Huelsenbeck !
Huelsenbeck (cocher) : Was sagt mir Dein Gesang von der Zeitschrift Dada?
Tzara (alouette) : Aha aha aha aha (f.) aha aha (decrsc.) cri cri
Huelsenbeck (cocher) : Eine kuh ? Ein Pferd ? Eine Strassenreinigungsmaschine ? Ein Piano ?
Tzara (alouette) : Le hérisson céleste s'est effondré dans la terre qui cracha sa boue intérieure je tourne auréole des continents je tourne je tourne je tourne consolateur.
Huelsenbeck (cocher) : Der Himmel springt im Baumwollfetzen auf. Die Baume gehen mit geschwollenen Bauchen um.
Tzara (alouette) : Parce que le premier numéro de la Revue Dada parait le 1 aout 1916. Prix : 1 fr. Rédaction et administration : Spiegelgasse 1, Zürich ; elle n'a aucune relation avec la guerre et tente une activité moderne internationale hi hi hi hi.
Huelsenbeck (cocher) : o ja, ich sah -- Dada kam aus dem Leib eines Pferds als Blumenkorb. Dada platze als Eiterbeule aus dem Schornstein eines Wolkenkratzers, o ja, ich sah Dada – als Embryo der violetten Krokodile flog Zinnoberschwanz.
Tzara (alouette) : Ça sent mauvais et je m'en vais dans le bleu sonore antipyrine j'entends l'appel liquide des hyppopotames.
Huelsenbeck (cocher) : Olululu Olululu Dada ist gross Dada ist schön. Olululu pette pette pette pette pette …
Tzara (alouette) : Pourquoi est-ce que vous petez avec tant d'enthousiasme?
Huelsenbeck (ein Buch des Dichters Däubler aus der Tasche ziehend) : Pffffft pette pfffft pfffft pffffft pette pfffft pette …
  O Tzara o !
  O Embryo !
  O Haupt voll Blut und Wunden.
  Dein Bauchhaar brüllt –
  Dein Steissbein quillt –
  Und ist mit Stroh umwunden –
  Oo Oo Du bist doch sonst nicht so!
    Tzara (alouette) :
          O Huelsenbeck, O Huelsenbeck
          Quelle fleur tenez-vous dans le bec ?
          C'est votre Talent qu'on dit excellent
          Actuellement caca d'alouette
          Quelle fleur tenez-vous dans le bec ?
          Et vous faites toujours : pette
          Comme un poète allemand

R. HUELSENBECK   TR. TZARA

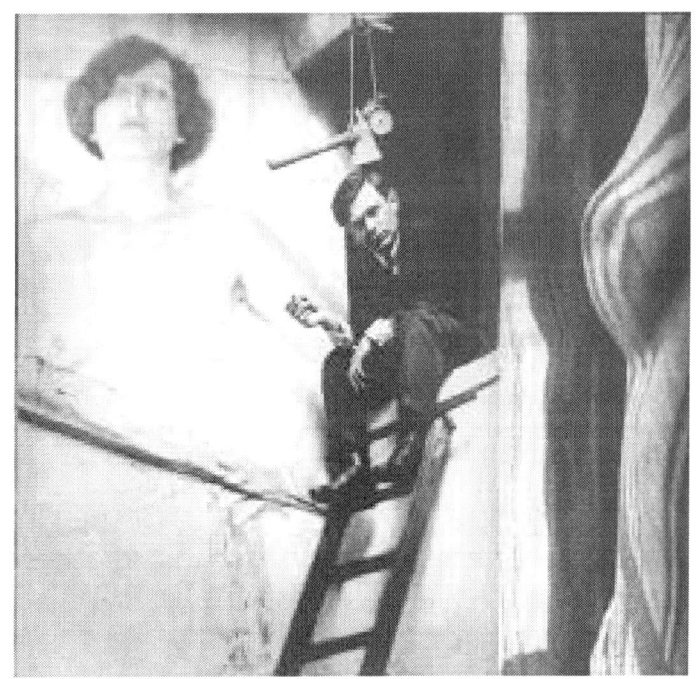

Tristan Tzara photographié par Man Ray, 1921

APPENDICE B

POUR EN FINIR AVEC LE JUGEMENT DE DIEU
ANTONIN ARTAUD

J'ai appris hier
(il faut croire que je retarde, ou peut-être n'est-ce qu'un faux bruit, l'un de ces sales ragots comme il s'en colporte entre évier et latrine à l'heure de la mise aux baquets des repas une fois de plus ingurgités),
j'ai appris hier
l'une des pratiques officielles les plus sensationnelles des écoles publiques américaines
et qui font sans doute que ce pays se croit à la tête du progrès.
Il parait que, parmi les examens que l'on fait subir à un enfant qui entre pour la première fois dans une école publique, aurait lieu l'épreuve dite de la liqueur séminale ou du sperme,
et qui consisterai à demander à cet enfant nouvel entrant un peu de son sperme afin de l'insérer dans un bocal
et de le tenir ainsi prêt à toutes les tentatives de fécondation artificielle qui pourraient ensuite avoir lieu.
Car de plus en plus les Américains trouvent qu'ils manquent de bras et d'enfants,
c'est-à-dire non pas d'ouvriers
mais de soldats,
et ils veulent à toute force et par tous les moyens possibles faire et fabriquer des soldats
en vue de toutes les guerres planétaires qui pourraient ultérieurement avoir lieu,
et qui seraient destinées à démontrer par les vertus écrasantes de la force
la surexcellence des produits américains,
et des fruits da la sueur américaine sur tous les champs de l'activité et du dynamisme possible de la force
Parce qu'il faut produire.
il faut par tous les moyens de l'activité possibles remplacer la nature partout ou elle peut être remplacée,
il faut trouver à l'inertie humaine un champ majeur,
il faut que l'ouvrier ait de quoi s'employer,
il faut que des champs d'activités nouvelles soient crées,
ou ce sera le règne enfin de tous les faux produits fabriques
de tous les ignobles ersatz synthétiques
ou la belle nature vraie n'a qu'une faire,
et doit céder une fois pour toutes et honteusement la place a tous les triomphaux produits de remplacement

ou le sperme de toutes les usines de fécondation artificielle
fera merveille
pour produire des armées et des cuirasses.
Plus de fruits, plus d'arbres, plus de légumes, plus de plantes
pharmaceutiques ou non et par conséquent plus d'aliments,
mais des produits de synthèse à satiété,
dans des vapeurs,
dans des humeurs spéciales de l'atmosphère, sur des axes particuliers des
atmosphères tirées de force et par synthèse aux résistances d'une nature qui
de la guerre n'a jamais connu que la peur.
Et vive la guerre, n'est-ce pas ?
Car n'est-ce pas, ce faisant, la guerre, que les Américains ont préparée et
qu'il prépare ainsi pied à pied.
Pour défendre cet usinage insensé contre toutes les concurrences qui ne
sauraient manquer de toutes parts s'élever,
il faut des soldats, des armées, des avions, des cuirasses,
de là ce sperme
auquel il paraîtrait que les gouvernements de l'Amérique auraient eu le culot
de penser.
Car nous avons plus d'un ennemi
et parmi ces ennemis
la Russie de Staline
qui ne manque pas non plus de bras armes.
Tout cela est très bien,
mais je ne savais pas les Américains un peuple si guerrier.
Pour se battre il faut recevoir des coups
et j'ai vu peut-être beaucoup d'Américains a l guerre
mais ils avaient toujours devant eux d'incommensurables armées de tanks,
d'avions, de cuirasses
qui leur servaient de bouclier.
J'ai vu beaucoup se battre des machines
mais je n'ai vu qu'à l'infini derrière
les hommes qui les conduisaient.
En face du peuple qui fait manger à ses chevaux, à ses bœufs et à ses ânes
les dernières tonnes de morphine vraie qui peuvent lui rester pour la
remplacer par des ersatz de fumée,
j'aime mieux le peuple qui mange à même la terre le délire d'où il est ne;
je parle des Tarahumaras
mangeant le Peyotl a même le sol
pendant qu'il naît,
et qui tue le soleil pour installer le royaume de la nuit noire,
et qui crève la croix afin que les espaces de l'espace ne puissent plus jamais
se rencontrer ni se croiser.
C'est ainsi que vous allez entendre la danse du TUTUGURI.

TUTUGURI
LE RITE DU SOLEIL NOIR

Et en bas, comme au bas de la pente amère,
cruellement désespérée du cœur,
s'ouvre le cercle des six croix,
            très en bas,
comme désencastré de l'étreinte immonde de la mère
            qui bave.

La terre de charbon noir
est le seul emplacement humide
dans cette fente de rocher.

Le Rite est que le nouveau soleil passe par sept points avant d'éclater à
    l'orifice de la terre.

Et il ya six hommes,
un pour chaque soleil,
et un septième homme
qui est le soleil tout
                cru
habillé de noir et de chair rouge.

Or, ce septième homme
est un cheval,
un cheval avec un homme qui le mène.

Mais c'est le cheval
qui est le soleil
et non l'homme.

Sur le déchirement d'un tambour et d'une trompette longue,
étrange,
les six hommes
qui étaient couchés,
roulés à ras de terre,
jaillissent successivement comme des tournesols,
non pas soleils
mais sols tournants,
des lotus d'eau
et à chaque jaillissement
correspond le gong de plus en plus sombre
            et *rentré*
                du tambour

jusqu'à ce que tout à coup on voie arriver au grand galop, avec une vitesse de vertige,
le dernier soleil,
le premier homme,
le cheval noir avec un
        homme nu
        absolument nu
        et *vierge*
        sur lui.

Ayant bondi, ils avancent suivant des méandres circulaires
et le cheval de viande saignante s'affole
et caracole sans arrêt
au faîte de son rocher
jusqu'à ce que les six hommes
aient achevé de cerner
complètement
les six croix.

Or, ton majeur du Rite est justement
        L'ABOLITION DE LA CROIX.

Ayant achevé de tourner
ils déplantent
les croix de terre
et l'homme nu
sur le cheval
arbore
un immense fer à cheval
qu'il a trempé dans une coupure de son sang.

LA RECHERCHE DE LA FÉCALITÉ

La ou ca sent la merde
ça sent l'être.
l'homme aurait très bien pu ne pas chier,
ne pas ouvrir la poche anale,
mais il a choisi de chier
comme il aurait choisi de vivre
au lieu de consentir à vivre mort.

C'est que pour ne pas faire caca,
il lui aurait fallu consentir
à ne pas être,
mais il n'a pas pu se résoudre à perdre
        l'être,
c'est-à-dire à mourir vivant.

Il ya dans l'être
quelque chose de particulièrement tentant pour l'homme
et ce quelque chose est justement
        LE CACA.
    (Ici rugissements.)

Pour exister il suffit de se laisser aller à être,
mais pour vivre,
il faut être quelqu'un,
pour être quelqu'un,
il faut avoir un OS,
ne pas avoir peur de montrer l'os,
et de perdre la viande en passant.

L'homme a toujours mieux aimé la viande
que la terre des os.
C'est qu'il n'y avait que la terre et du bois d'os,
et il lui a fallu gagner sa viande,
il n'y avait que du fer et du feu
et pas de merde,
et l'homme a eu peur de perdre la merde
ou plutôt il a désiré la merde
et, pour cela, sacrifié le sang.

Pour avoir de la merde,
c'est-à-dire de la viande,
là où il n'y avait que de sang
et de la ferraille d'ossements

et ou il n'y avait pas à gagner d'être
mais où il n'y avait qu'à perdre la vie.

    O reche modo
    To edire
    Di za
    Tau dari
    Do padera coco

Là, l'homme s'est retiré et il a fui.

Alors les bêtes l'ont mangé.

Ce ne fut pas un viol,
il s'est prêté à l'obscène repas.

Il n'y a trouvé du gout,
il a appris lui-même
à faire la bête
et à manger le rat
délicatement.

Et d'où vient cette abjection de saleté ?

De ce que le monde n'est pas encore constitué,
ou de ce que l'homme n'a qu'une petite idée du monde
et qu'il veut éternellement la garder ?

Cela vient de ce que l'homme,
un beau jour,
a arrêté
    L'idée du monde.

Deux routes s'offraient à lui :
celle de l'infini dehors,
celle de l'infime dedans.

Et il a choisi l'infime dedans.
Là ou il n'y a qu'a presser
le rat,
la langue,
l'anus
ou le gland.

Et dieu, dieu lui-même a pressé le mouvement.

Dieu est-il un être ?
S'il en est un c'est de la merde.
S'il n'en est pas un
il n'est pas.
Or il n'est pas,
mais comme le vide qui avance avec toutes ses formes
dont la représentation la plus parfaite
est la marche d'un groupe incalculable de morpions.

« Vous êtes fou, monsieur Artaud, et la messe ? »

Je renie le baptême et la messe.
Il n'y a pas d'acte humain
qui, sur le plan érotique interne,
soit plus pernicieux que la descente
du soi-disant Jésus-christ
sur les autels.

On ne me croira pas
et je vois d'ici les haussements d'épaules du public
mais le nommé christ n'est autre que celui
qui en face du morpion dieu
a consenti à vivre sans corps,
alors qu'une armée d'hommes
descendue d'une croix,
où dieu croyait l'avoir depuis longtemps clouée,
s'est révoltée,
et, bardée de fer,
de sang,
de feu, et d'ossements,
avance, invectivant l'Invisible
afin d'y finir le JUGEMENT DE DIEU.

LA QUESTION SE POSE DE…

Ce qui est grave
est que nous savons
qu'après l'ordre
de ce monde
il n'y en a un autre.

Quel est-il ?

Nous le savons pas.

Le nombre et l'ordre des suppositions possibles dans ce domaine
est justement
l'infini !

Et qu'est-ce que l'infini ?

Au juste nous ne le savons pas !

C'est un mot
dont nous nous servons
pour indiquer
l'ouverture
de notre conscience
vers la possibilité
démesurée,
inlassable et démesurée.

Et qu'est-ce au juste la conscience ?

Au juste nous ne le savons pas.

C'est le néant.

Un néant
dont nous nous servons
pour indiquer
quand nous ne savons pas quelque chose
de quel côté
nous ne le savons
Et nous disons
alors
conscience,
du côté de la conscience,

mais il y a cent mille autres côtés.

Et alors ?

Il semble que la conscience
soit en nous
liée
au désir sexuel
et à la faim ;

mais elle pourrait
très bien
ne pas leur être
liée.

On dit,
on peut dire,
il n'y en a qui disent
que la conscience
est un appétit,
l'appétit de vivre ;

et immédiatement
à côté de l'appétit de la nourriture
qui vient immédiatement a l'esprit ;

comme s'il n'y avait pas des gens qui mangent
sans aucune espèce d'appétit ;
et qui ont faim.

Car cela aussi
existe
d'avoir faim
sans appétit ;

et alors ?

Alors

l'espace de la possibilité
me fut un jour donné
comme un grand pet
que je ferai ;
mais ni l'espace,
Ni la possibilité,

Je ne savais au juste ce que c'était,

et je n'éprouvais pas le besoin d'y penser,

c'étaient des mots
inventes pour définir des choses
qui existaient
ou n'existaient pas
en face de
l'urgence pressante
d'un besoin :
celui de supprimer l'idée.
l'idée et son mythe,
et de faire régner à la place
la manifestation tonnante
de cette explosive nécessité :
dilater le corps de ma nuit interne,

de néant interne
de mon moi

qui est nuit,
néant,
irréflexion,

mais qui est explosive affirmation
qu'il y a
quelque chose
à quoi faire place :

mon corps.

Et vraiment
le réduire à ce gaz puant,
mon corps ?
dire que j'ai un corps
parce que j'ai un gaz puant
qui se forme
au-dedans de moi ?

Je ne sais pas
mais
je sais que
        l'espace,
        le temps,

                    le dimension,
                    le devenir,
                    le futur,
                    l'avenir,
                    l'être,
                    le non-être,
                    le moi,
                    le pas moi,
ne sont rien pour moi ;

mais il y a une chose
qui est quelque chose,
une seule chose
qui soit quelque chose,
et que je sens
à ce que ca veut
SORTIR :
la présence
de ma douleur
de corps.

la présence
menaçante,
jamais lassante
de mon
corps.

si fort qu'on me presse de questions
et que je nie toutes les questions,
il y a un point
où je me vois contraint
de dire non,

                NON

alors
à la négation ;

et ce point
c'est quand on me presse,

quand on me pressure
et qu'on me trait
jusqu'au départ
en moi

de la nourriture,
de ma nourriture
et de son lait,

et qu'est-ce qui reste ?

Que je suis suffoque ;
et je ne sais pas si c'est une action
mais en me pressant ainsi de questions
jusqu'à l'absence
et au néant
de la question
on m'a presse
jusqu'à la suffocation
en moi
de l'idée de corps
et d'être un corps,

et c'est alors que j'ai senti l'obscène

et que j'ai pété
de déraison
et d'excès
et de la révolte
de ma suffocation.

c'est qu'on me pressait
jusqu'à mon corps
et jusqu'à mon corps

et c'est alors
que j'ai tout fait éclater
parce qu'a mon corps
on ne touche jamais.

CONCLUSION

-Et a quoi vous a servi, monsieur Artaud, cette Radio-Diffusion ?

-En principe à dénoncer un certain nombre de saletés sociales officiellement consacrées et reconnues :
1. cette émission du sperme infantile donne bénévolement par des enfants en vue d'une fécondation artificielle de fœtus encore à naitre et qui verront le jour dans un siècle ou plus.

2. A dénoncer, chez ce même peuple américain qui occupe toute la surface de l'ancien continent indien, une résurrection de l'impérialisme guerrier de l'antique Amérique qui fit que la peuple indien d'avant Colomb fut abjecte par toute la précédente humanité.

3. – Vous énoncez là, monsieur Artaud, des choses bien bizarres.

4. – Oui, je dis une chose bizarre.
c'est que les Indiens d'avant Colomb étaient, contrairement a tout ce qu'on a pu croire, un peuple étrangement civilise et qu'ils avaient justement connu une forme de civilisation basée sur le principe exclusif de la cruauté.

5. – Et savez-vous ce que c'est au juste que la cruauté ?

6. – Comme ca, non je ne le sais pas.

7. – La cruauté, c'est d'extirper par le sang et jusqu'au sang dieu, le hasard bestial de l'animalité inconsciente humaine, partout où on peut le rencontrer.

8. – L'homme, quand on ne le tient pas, est un animal érotique,
il a en lui un tremblement inspire,
un espèce de pulsation
productrice de bêtes sans nombre qui sont la forme que les anciens peuples terrestres attribuaient universellement a dieu.
Cela faisait ce qu'on appelle un esprit.
Or, cet esprit venu des Indiens d'Amérique ressort un peu partout aujourd'hui sous des allures scientifiques qui ne font qu'en accuser l'emprise infectieuse morbide, l'état accusé de vice, mais d'un vice qui pullule de maladies,
parce que, riez tant que vous voudrez,
mais ce qu'on a appelé les microbes
      c'est dieu,
et savez-vous avec quoi les Américains et les Russes font leurs atomes ?
Ils les font avec les microbes de dieu.

-- Vous êtes délirez, monsieur Artaud.
Vous êtes fou.

Je ne délire pas.
Je ne suis pas fou.
Je vous dis qu'on a réinvente les microbes afin d'imposer une nouvelle idée de dieu.

On a trouve un nouveau moyen de faire ressortir dieu et de le prendre sur le fait de sa nocivité microbienne.
C'est de le clouer de cœur.
là où des hommes l'aiment le mieux.
sous la forme de la sexualité maladive,
dans cette sinistre apparence de cruauté morbide qu'il revêt aux heures où il lui plaît de tétaniser et d'affoler comme présentement l'humanité.

Il utilise l'esprit de pureté d'une conscience demeurée candide comme la mienne pour l'asphyxier de toutes les fausses apparences qu'il répand universellement dans l'espaces et c'est ainsi qu'Artaud le Mômo peut prendre figure d'hallucine.

-- Que voulez-vous dire, monsieur Artaud ?

--Je veux dire que j'ai trouvé le moyen d'en finir une fois pour toutes avec ce singe
et que si personne ne croit pas plus en dieu tout le monde croit de plus en plus de l'homme.

Or c'est l'homme qu'il faut maintenant se décider à émasculer.

-- Comment cela ?
      Comment cela ?
De quelque côté qu'un vous prenne vous êtes fou, mais fou à lier.

-En le faisant passer une fois de plus mais la dernière sur la table d'autopsie pour lui refaire son anatomie.
Je dis, pour lui refaire son anatomie.
L'homme est malade parce qu'il mal construit. Il faut se décider à le mettre à nu pour lui gratter cet animalcule qui le démange mortellement.

    Dieu,
    Et avec dieu,
    Ses organes.

Car liez-moi si vous voulez,

mais il n'y a rien de plus inutile qu'un organe.

Lorsque vous lui aurez fait un corps sans organes, alors vous l'aurez délivré de tous ses automatismes et rendu à sa véritable liberté.

Alors vous lui réapprendrez à danser a l'envers comme dans le délire des bals musette et cet envers sera son véritable endroit.

Max Ernst, The Hundred-Headless Woman Opens Her August Sleeve, 1929

Made in the USA
Lexington, KY
29 December 2013